Mes petites énigmes

CM1 et CM2
9 - 11 ans

L'ÉNIGME DE LA STATUE

Auteur : Lydia Hauenschild

Traducteur : Joël Falcoz

Illustrateur : Joachim Krause

hachette
ÉDUCATION

Maquette de couverture : Mélissa Chalot
Maquette intérieure : Mélissa Chalot
Illustration de couverture : Joachim Krause
Colorisation des illustrations : Simon Sternis
Réalisation PAO de l'intérieur : Médiamax

Title of the original German edition: *Die Piranha-Piraten und der Überfall am Fährhafen*

Cet ouvrage a été proposé à l'éditeur français par l'agence Editio Dialog, Lille.

Crédit des images : fond matière bois ; paire de lunettes ; boussole ; punaise ; trombone : © Shutterstock.

ISBN : 978-2-01-786550-6

www.hachette-education.com

Achevé d´imprimer en mars 2021 en Espagne par Grafo - Dépôt légal : Avril 2019 - Édition 03 - 22/4309/

Sommaire

La Perle des mers est un vieux bateau de pêche qui sert de point de rendez-vous aux Pirates. C'est de ce chalutier que s'élancent les détectives pour donner la chasse aux truands. Intrépides comme des pirates, ils sont la terreur des criminels de toutes sortes.

Le Club des pirates

Léa

Léa a des yeux de lynx et un grand sens de la justice. Souvent, les investigations n'avancent pas assez vite à son goût. Schumacher, sa souris, est rapide comme l'éclair et adore les miettes de biscuits.

Lucas

Lucas est le frère jumeau de Léa. Ce qu'il aime par-dessus tout, c'est faire des recherches sur Internet. Toujours prêt à décocher une bonne plaisanterie, il ne se laisse pas facilement démonter.

Quentin

Quentin démasque les criminels grâce à ses brillantes déductions. Et il connaît beaucoup d'astuces qu'il a retenues de la lecture de ses romans policiers.

Policier, Guillaume est toujours là pour aider les Pirates. C'est lui qui intervient quand la situation risque de mal tourner pour les jeunes héros.

Guillaume

Léon Martin

C'est à lui qu'appartient *La Perle des mers*. Le vieux marin est l'oncle de Guillaume et un grand supporter des Pirates.

L'affaire « saint Pierre »

1. Léon Martin a besoin d'aide

— Si seulement on pouvait voler, se lamenta Lucas.

Allongé sur le pont de *La Perle des mers* en compagnie de Quentin et Léa, il contemplait les mouettes qui virevoltaient dans les airs avec adresse.

— Ouais, répondit Quentin en bâillant. Un peu d'animation ne nous ferait pas de mal. Les vacances de Pâques sont horriblement ennuyeuses. Et nous ne pouvons même pas gagner de l'argent de poche en travaillant sur la plage, parce que vos parents n'ont pas besoin d'aide à cette période de l'année.

— Le plus bête, c'est que nous n'avons aucune affaire à résoudre, soupira Léa tout en faisant trottiner Schumacher sur le bastingage[1]. Quelle poisse ! Maintenant que nous avons du temps, il ne se passe rien du tout. Si ça continue, les petites cellules grises de mon cerveau vont finir par rouiller.

Elle se leva pour chercher un morceau de pomme à donner à sa souris et se figea net. Léon Martin était apparu au sommet des dunes et se dirigeait droit vers eux en courant !

— Bonjour, les enfants ! les salua-t-il quelques instants plus tard, hors d'haleine[2]. J'ai besoin de vous de toute urgence ! On a volé la statue de saint Pierre dans le jardin des Princes !

— Vraiment ? s'écria Lucas. Mais c'est le Ciel qui vous envoie !

Peu de temps après, les Pirates et Léon Martin se tenaient dans le jardin public devant un grand piédestal vide.

— En effet, le *Saint Pierre* n'est plus là, s'étonna Quentin. Et la sculpture n'est pas la seule chose qui ait disparu.

---

1. **bastingage :** barrière qui borde le pont d'un bateau.
2. **hors d'haleine :** à bout de souffle.

Qu'a-t-on volé en plus de la statue ?

2. La plainte

Léon Martin regarda attentivement autour de lui.

— Sacrebleu ! Tu as raison ! Le toboggan et la tour de jeux ont disparu. J'étais tellement en colère tout à l'heure que je ne m'en suis même pas aperçu.

Le vieux loup de mer poussa un soupir d'indignation :

— Vous savez, mon ami Georges et moi, nous avons fait don de cette statue au jardin. Saint Pierre est le patron des pêcheurs. Nous voulions le remercier qu'il ne nous soit rien arrivé en mer durant toutes ces années.

— Vous devriez déposer plainte auprès de Guillaume, fit Lucas.

— J'y vais de ce pas, répondit le marin. Et j'aimerais que vous veniez avec moi. Vous aiderez certainement mon neveu à élucider[1] cette affaire.

Guillaume sourit en voyant Léon Martin et les trois Pirates arriver au poste. Le visage du policier redevint brusquement sérieux lorsque son oncle lui parla du vol.

— Il s'agit de voleurs de métaux, expliqua-t-il. Tous les objets dérobés étaient en fer ou en cuivre. On peut les revendre pour un bon prix.

Guillaume planta de petits drapeaux sur une carte de la région accrochée au mur.

— Comme vous pouvez le voir, jusqu'à présent on a volé des objets en métal dans les parcs de trois villes voisines.

Quentin prit un petit drapeau et marqua le jardin des Princes de Marebourg-les-Bains.

— Je crois que je sais où les voleurs vont frapper la prochaine fois ! s'exclama soudain Léa.

---

1. **élucider :** résoudre.

À quel endroit Léa fait-elle allusion ?

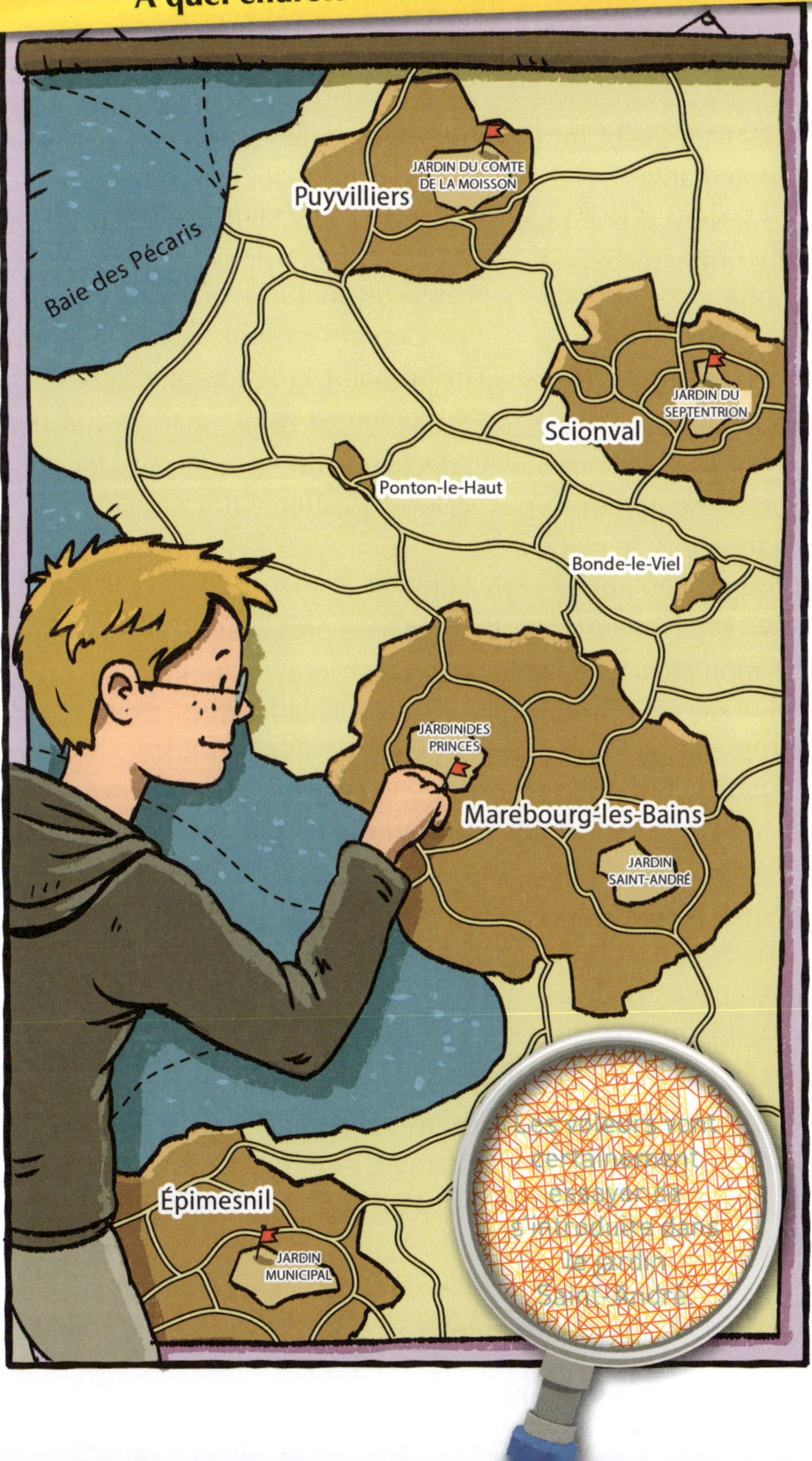

3. Manque de temps

— Moi aussi, dit Quentin. Notre ville compte deux jardins municipaux.

— Nom d'une pipe ! maugréa Léon Martin. Guillaume, tu dois immédiatement aller faire le guet dans le jardin Saint-André !

L'intéressé soupira.

— Je voudrais bien, mais je suis déjà débordé. Et ces types peuvent attendre des semaines avant de frapper à nouveau. À partir d'aujourd'hui, j'effectuerai une ronde tous les soirs autour du jardin. Nous savons, par les villes voisines, qu'à chaque fois, le métal a été volé peu après la tombée de la nuit. C'est tout ce que je peux faire.

— Mon neveu est policier et il ne peut même pas s'occuper de mon affaire, marmonna le vieux loup de mer.

— Ne vous inquiétez pas, monsieur Martin, intervint Léa. Les Pirates se chargent de surveiller le jardin.

— Ne vous mêlez pas de ça, la pria Guillaume. Ces voleurs de métaux sont peut-être dangereux…

Quelques minutes plus tard, les trois détectives et Léon Martin se retrouvaient devant le poste de police.

— Bon, je vais rendre visite à mon ami Georges pour lui raconter ce désastre, annonça le marin d'un air abattu avant de saluer les Pirates.

— Et nous, nous allons faire un tour au jardin, lança Léa d'un ton décidé lorsque les trois amis se retrouvèrent seuls.

À bicyclette, le trajet fut rapide.

Quentin s'arrêta sur le seuil du portail principal pour observer le jardin.

— Mince ! pesta-t-il entre ses dents. Ça ne va pas être facile de surveiller toutes les entrées.

Combien d'entrées le jardin possède-t-il ?

4. Vol ou effraction ?

— Pourquoi ? demanda Léa. Parce que le jardin a quatre entrées ?

Quentin acquiesça.

— Saint-André est trop grand pour être surveillé d'un seul endroit.

Lucas suivit ses deux amis dans le jardin.

— Nous nous occupons donc de l'affaire ?

— Bien sûr ! rétorqua sa sœur. Que t'imaginais-tu ?

— Hm...

Le garçon fronça les sourcils d'un air théâtral.

— Je pensais cueillir quelques violettes, puis décamper illico presto avant d'être mis en pièces par les voleurs de métaux.

— Bah ! s'écria Léa en grimaçant. Je n'ai pas peur de ces types. Nous avons le numéro de portable de Guillaume. Je l'appellerai avant que les choses ne tournent mal. Comme toujours.

Entre-temps, Quentin avait commencé à inspecter les lieux.

— Il n'y a pas beaucoup de métal ici. La plupart des statues sont en pierre.

— Est-ce que ça vaut vraiment le coup pour ces voleurs de s'introduire ici par effraction[1] ? réfléchit Lucas à haute voix.

— Pourquoi parles-tu d'« effraction » ? objecta Quentin. Ils entrent dans le jardin à la nuit tombée et emportent tout le métal qu'ils trouvent. Il s'agit d'un vol, et non d'une effraction.

— Ici, cher ami, on ne facilite pas la tâche à ce point aux cambrioleurs, réfuta Lucas en souriant.

---

1. **par effraction :** en cassant une porte ou une serrure.

Qu'a remarqué Lucas ?

5. La quatrième porte

— Mon frère a raison, trancha Léa. Le jardin est fermé le soir.

Elle avait également remarqué le panneau avec les horaires d'ouverture de Saint-André.

Quentin réfléchit un instant.

— O.K. Dans ce cas, ce soir, nous surveillerons de l'extérieur trois des quatre entrées du jardin.

— Et dès que l'un de nous aperçoit les voleurs, il prévient les autres en imitant le cri de la chouette, suggéra Léa.

— Et s'ils pénètrent dans le jardin par la quatrième porte ? s'enquit Lucas.

L'adolescente haussa les épaules.

— Nous pourrions demander à Léon Martin de nous aider ?

— Je n'en sais rien, répondit Lucas. Est-ce qu'il n'est pas trop vieux pour ce genre d'action ?

À cet instant, une mère avec une poussette de bébé passa près des Pirates. À l'intérieur, l'enfant pleurait à gros sanglots. Le visage de Quentin s'illumina brusquement.

— Je sais comment surveiller le quatrième accès, déclara-t-il en s'éloignant. Salut, je dois rentrer à la maison pour aller chercher quelque chose au grenier. On se donne rendez-vous ici à sept heures ce soir…

Il faisait presque nuit, et la brume s'était levée lorsque les Pirates se retrouvèrent devant l'entrée principale du jardin.

— Alors, quelle est ton idée, Quentin ? demanda Léa avec curiosité en dissimulant son vélo derrière un buisson.

En guise de réponse, le garçon lui tendit un écoute-bébé[1].

— J'ai bien caché l'émetteur, murmura-t-il.

---

1. **écoute-bébé :** appareil constitué d'un émetteur et d'un récepteur permettant de surveiller un enfant à distance.

Où Quentin a-t-il caché l'émetteur de l'écoute-bébé ?

6. Dans la brume

Quentin montra aux jumeaux l'émetteur, habilement dissimulé sous un arbuste.

— Un écoute-bébé ? pouffa Lucas. À quoi va-t-il nous servir ? Tu veux attraper des malfaiteurs ou faire du baby-sitting ?

Quentin ne releva pas la plaisanterie.

— Grâce à lui, je pourrai entendre si les voleurs essaient de pénétrer dans le jardin par la grille principale, expliqua-t-il posément. Ma mère a raconté qu'autrefois, ce truc pouvait émettre jusqu'aux voisins qui habitent à trois maisons de chez nous.

— C'est une idée géniale ! s'exclama Léa. Bon, allons-y maintenant. Quentin, tu surveilles l'entrée située près du kiosque. Lucas se postera devant celle qui se trouve à côté de la fontaine, et je me charge du portail qui donne sur la rue en travaux.

Soudain, en provenance de la mer, le mugissement lugubre d'une corne de brume[1] résonna dans la nuit.

— Euh… et que faisons-nous si nous ne voyons plus rien ? demanda Lucas. Ce maudit brouillard est de plus en plus épais…

— Avec un peu de chance, il va peut-être se dissiper bientôt, dit Quentin pour le rassurer.

Léa acquiesça d'un signe de tête et donna aux garçons ses dernières recommandations :

— À vos postes. Soyez vigilants, ouvrez l'œil et ne faites pas de bruit.

Les Pirates se dispersèrent. Chacun se mit en quête d'une bonne cachette.

1. **corne de brume :** sirène utilisée par les bateaux par temps de brouillard.

Où se sont cachés les trois détectives ?

7. Alarme !

Quentin s'accroupit derrière une poubelle près du kiosque, Lucas se blottit contre un gros bac à fleurs, et Léa grimpa avec Schumacher par-dessus la barrière du chantier pour se cacher à l'abri d'une pelleteuse.

Entre-temps, l'obscurité avait envahi le jardin, et les bancs de brume venus de la mer s'épaississaient à vue d'œil.

Tout à coup, l'écoute-bébé de Quentin grésilla.

Le garçon sursauta et son cœur se mit à battre la chamade. Il entendit le bruit d'une voiture, puis une portière claqua. Quelques instants plus tard, des pas retentirent et quelqu'un secoua la grille du portail principal.

Quentin s'apprêtait à imiter le cri de la chouette pour prévenir les jumeaux, lorsqu'il reconnut la voix de Guillaume résonner dans l'écouteur.

— Rien à signaler, dit le policier à son coéquipier.

La portière se referma et la voiture s'éloigna.

« Ouf, c'était seulement la patrouille de police ! », songea Quentin avec soulagement.

Au même moment, un hululement plaintif s'éleva de l'autre côté du jardin : Léa donnait l'alarme !

Silencieux comme des ombres, les deux garçons quittèrent leur cachette respective et rejoignirent Léa. Ils arrivèrent presque en même temps auprès d'elle.

— Qu'est-ce qui se passe ? souffla Lucas.

— Chut !

La jeune fille posa un doigt sur ses lèvres, montra de l'autre main la porte crochetée et se glissa sans un bruit dans le jardin.

Ses compagnons la suivirent. Mais, au milieu des voiles de brume, les voleurs semblaient s'être volatilisés.

ombien de voleurs se sont introduits dans le jardin Saint-André ?

8. Silence sinistre

Quentin et Lucas scrutèrent le brouillard en plissant les yeux et, soudain, entraperçurent quatre hommes masqués.

Les Pirates coururent aussitôt se mettre à l'abri d'un banc de pierre. Cette mesure de précaution n'était pas vraiment nécessaire car, dans une telle purée de pois, les trois amis pouvaient à peine distinguer le bout de leurs chaussures.

Le brouillard semblait absorber tous les bruits. Seuls quelques grincements de métal résonnèrent sourdement dans le jardin. Les sons se rapprochèrent, et non loin du banc derrière lequel s'étaient cachés les Pirates, une voix s'éleva dans l'obscurité :

— Nous avons terminé. Fichons le camp d'ici !

Des chaussures crissèrent sur le gravier de l'allée. Devant le portail du jardin, un bruit de moteur retentit avant de se perdre dans la nuit. Puis le silence retomba autour des trois détectives.

— Ils sont partis, murmura finalement Léa. C'est trop bête : j'ai seulement vu la silhouette d'un homme grassouillet qui avait un nez crochu sous son masque.

— Avec cette brume, c'est mieux que rien, reconnut Lucas. Tu as vraiment des yeux de lynx.

Après avoir nettoyé les verres de ses lunettes, Quentin lança :

— Allons vérifier si le véhicule de nos malfaiteurs a laissé des traces de pneus en partant. Dans le roman policier que je suis en train de lire, le commissaire fait la même chose pour trouver des indices.

Le chemin devant l'entrée du jardin n'était pas goudronné, mais recouvert de gravier. Quentin s'agenouilla pour étudier attentivement le sol.

— Bingo ! s'écria-t-il avec un sourire triomphant. Je sais dans quelle direction sont partis les voleurs de métaux.

Dans quelle direction les voleurs se sont-ils enfuis ?

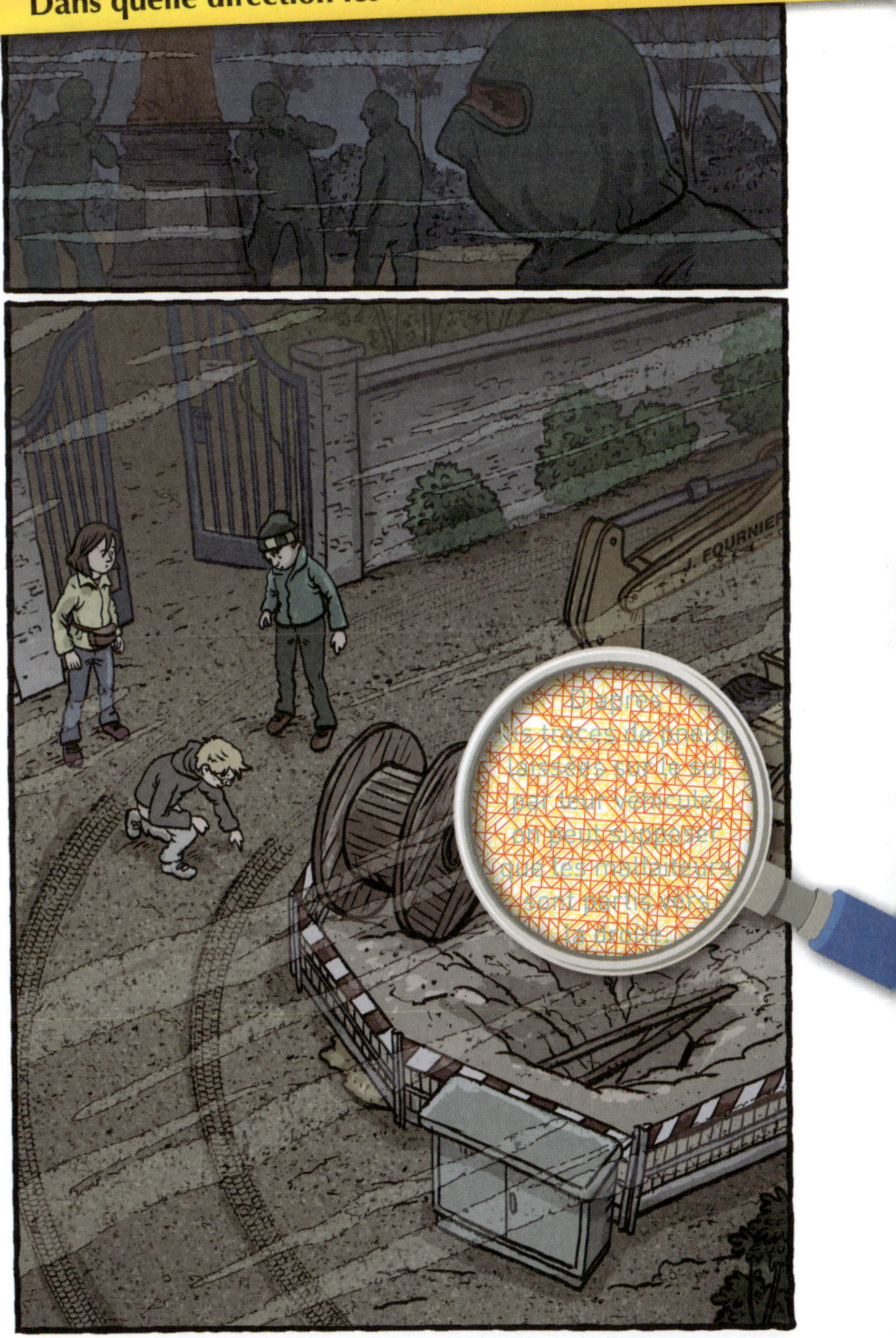

9. Sur la trace des malfaiteurs

— Ils sont partis vers la droite, indiqua Quentin.

— Hein ? firent les jumeaux en chœur, stupéfaits.

Ils se penchèrent à leur tour pour observer les traces sur le gravier.

Quentin expliqua d'un ton doctoral[1] :

— Savoir lire les empreintes, c'est tout simple en réalité. Regardez : le camion est arrivé de la gauche, car les empreintes de pneus sont à peine visibles. Puis les types ont chargé leur lourde cargaison de métal volé dans le véhicule et sont partis vers la droite.

— Voilà pourquoi les empreintes sont plus profondes de ce côté-là ! s'exclama Lucas, qui venait de comprendre le raisonnement de son ami.

Les Pirates allèrent chercher leurs vélos, mais durent suivre à pied la piste laissée par les malfaiteurs. À cause du brouillard, la visibilité était bien trop réduite pour rouler à bicyclette.

— Nos voleurs sont eux aussi gênés par la brume, remarqua Quentin. Ils ne peuvent pas se déplacer rapidement.

— Mais plus rapidement que nous, constata Léa avec agacement. Je m'étais imaginé la poursuite autrement.

Après plusieurs minutes de marche qui semblèrent durer une éternité, le chemin déboucha sur une route goudronnée. Par chance, la brume était ici moins épaisse.

Lucas jeta à Quentin un regard interrogateur.

— Et maintenant, Sherlock Holmes, dans quelle direction allons-nous ?

Avant que Quentin n'ait le temps de répondre, Léa s'écria :

— Je viens de voir quelque chose d'intéressant, les garçons !

1. **ton doctoral :** ton grave employé par une personne qui veut épater quelqu'un.

Qu'a donc découvert Léa ?

10. Publicité révélatrice

La jeune fille montra du doigt un panneau de publicité rouillé au bord de la route.

— Regardez : il y a un ferrailleur[1] dans le coin. C'est peut-être là que nos voleurs fourguent leur marchandise…

— Ça leur éviterait de faire un long trajet avec un camion rempli de métal, renchérit Lucas.

Quentin marcha jusqu'au panneau et écarta une branche pour lire l'adresse du marchand de ferraille.

— Le ferrailleur se trouve à Puyvilliers. C'est trop loin pour y aller à pied par ce temps brumeux.

— Retrouvons-nous demain matin à neuf heures et fonçons là-bas à vélo, proposa Léa. Heureusement que nous sommes en vacances !

Le lendemain matin, le ciel était dégagé et le soleil d'avril dispensait une douce chaleur.

— Hier soir, j'ai vu sur Internet qu'il n'y avait que trois ferrailleurs dans les environs, expliqua Lucas tandis qu'il roulait près de Quentin en direction de Puyvilliers. Si les objets volés ne sont pas chez cet Émile Meyer, nous pourrons aller jeter un coup d'œil chez les deux autres.

La casse était située assez loin du centre de Puyvilliers. Les Pirates empruntèrent finalement un chemin caillouteux et arrivèrent devant un portail cadenassé. De chaque côté de l'entrée se dressaient de hautes palissades. À travers les fentes de la clôture, les trois détectives contemplèrent le vaste terrain recouvert de débris et de carcasses métalliques.

— Ouah ! murmura Lucas. Il y a des montagnes de ferraille ici.

— Et les statues du jardin Saint-André ! ajouta Quentin.

1. **ferrailleur :** marchand de vieux objets en métal.

Où se trouvent les statues volées ?

11. À la casse

En effet, les têtes des statues volées dépassaient d'un tas de tôles ondulées.

Léa fit un clin d'œil aux deux garçons et lança avec défi :

— Vous savez quoi ? J'aimerais bien vérifier si les objets dérobés dans le jardin des Princes sont également ici. Imaginez la joie de Léon Martin si nous retrouvons son *Saint Pierre* !

Quentin se gratta le nez d'un air pensif.

— Et si nous prévenions plutôt Guillaume ? Les voleurs sont peut-être encore là.

— C'est vrai, approuva Lucas. Je n'ai aucune envie de tomber entre leurs pattes, sœurette.

— Trouillards ! lâcha Léa en jetant un nouveau coup d'œil à travers une fente de la palissade. Il n'y a personne. Venez, nous trouverons certainement un trou dans la clôture pour nous faufiler à l'intérieur.

— Bon, d'accord, capitula Quentin.

Les Pirates inspectèrent la palissade et, peu de temps après, ils découvrirent une planche branlante maintenue par un unique clou rouillé.

— À toi l'honneur, ma chère sœur, dit Lucas en écartant la planche pourrie.

Léa passa la tête par l'ouverture, scruta prudemment les lieux et recula aussitôt.

— Mauvaise idée, reconnut-elle d'un air embarrassé. La casse est surveillée !

Qu'a remarqué Léa ?

12. Sous surveillance

— Comment ça ? demanda Lucas, fébrile. As-tu vu des chiens ? Raconte !

— Il y a des caméras de surveillance, répondit Léa. Ce sont peut-être des fausses – je n'en sais rien –, mais je ne préfère pas tenter le diable.

— Appelons Guillaume, proposa Quentin.

Lucas acquiesça.

— Je suis curieux d'apprendre comment les statues sont arrivées ici. Le ferrailleur les a peut-être achetées aux malfaiteurs sans savoir qu'elles ont été subtilisées[1] dans le jardin Saint-André. Dans ce cas, c'est un receleur[2] et non un voleur.

À cet instant, les Pirates entendirent grincer les gonds du portail de la casse.

— Quelqu'un arrive, murmura Léa.

Ils collèrent leurs yeux contre les fentes de la palissade pour voir ce qui se passait de l'autre côté.

Un camion entra dans la casse. Quatre hommes sortirent du véhicule. Tous portaient des combinaisons de travail marquées de l'inscription « Émile Meyer – Ferrailleur ».

— Où dépose-t-on les rails, patron ?

L'un des employés s'était adressé à un homme bedonnant.

Léa ricana tout bas :

— Ce Meyer n'est pas un receleur. C'est le cerveau de la bande.

Elle sortit son téléphone portable de sa poche et composa le numéro de Guillaume.

— L'affaire « saint Pierre » est résolue, annonça-t-elle au policier. J'ai reconnu l'un des voleurs de métaux !

1. **subtilisées :** volées.
2. **receleur :** personne qui cache des objets volés.

Comment Léa a-t-elle reconnu le chef des voleurs ?

1. Le chauffard

Les vacances de Pâques touchaient à leur fin. Le vendredi précédant la reprise de l'école, Léa, Lucas et Quentin se promenaient en ville pour faire quelques emplettes.

— Cinq cahiers à grands carreaux, des rollers et un effaceur, énuméra Quentin tandis qu'ils sortaient d'un grand magasin. Je crois que j'ai tout ce dont j'avais besoin.

— Moi aussi, dit Léa. Mais j'y pense : avez-vous vu le nez du vendeur ? Il était complètement de travers. C'est bizarre, depuis que j'ai reconnu le ferrailleur grâce à son nez crochu, je remarque sans arrêt des gens avec des pifs tordus.

— Dommage pour toi, plaisanta Lucas. Moi, je vois partout des gens avec de très jolis nez.

Il s'arrêta pour suivre du regard une jeune fille qui passait près de lui à vélo.

Quentin et Léa éclatèrent de rire et entraînèrent Lucas.

— Tu devrais plutôt faire attention au trafic, dit Quentin à son ami comme ils traversaient le carrefour très fréquenté devant la mairie de Marebourg-les-Bains.

Un cabriolet fila près d'eux à toute allure. Quelques secondes plus tard, les Pirates entendirent un violent coup de frein derrière eux.

Ils virevoltèrent aussitôt pour voir ce qui arrivait.

Qu'ont vu les trois jeunes détectives en se retournant ?

2. Le témoin

— Le type en cabriolet a renversé la jeune fille ! s'écria Lucas, effrayé.

— Et il ne s'est même pas arrêté ! ajouta Léa. Quelle honte !

Les détectives coururent vers la victime, qui était toujours allongée sur le sol. Plusieurs passants se tenaient déjà autour d'elle.

— Du calme ! Je suis médecin, dit un homme.

Il se pencha vers la cycliste en pleurs :

— Où as-tu mal ?

— Aïe, ma jambe ! gémit la blessée en essayant de se relever.

— Reste couchée, recommanda le médecin d'une voix douce. J'appelle une ambulance.

— Il faut prévenir la police, intervint une femme. Je suis témoin de la scène. J'ai vu la voiture heurter la demoiselle.

Léa sortit immédiatement son portable pour avertir Guillaume. Pendant ce temps, Lucas demanda à la passante :

— Avez-vous retenu l'immatriculation du véhicule ?

La femme secoua la tête d'un air désolé.

— Non, je regrette. Tout est allé si vite.

Quentin examina les autres personnes qui se tenaient près d'eux et siffla entre ses dents d'un air satisfait.

— Eurêka[1] ! murmura-t-il. Nous avons là quelque chose de bien utile.

---

1. **Eurêka ! :** « J'ai trouvé ! » ; mot qui aurait été prononcé par le savant grec de l'Antiquité Archimède.

Qu'a remarqué Quentin ?

3. Le caméscope

Quentin se dirigea vers le vacancier qui tenait un caméscope numérique.

—Vous étiez en train de filmer la mairie lorsque l'accident a eu lieu, n'est-ce pas ? interrogea-t-il. Pourrais-je jeter un coup d'œil sur votre film ? On y verra peut-être le cabriolet.

— Oui, mais... je ne sais pas..., bredouilla l'homme, surpris. C'est le travail de la police...

Léa glissa son portable dans sa poche.

— La police arrive. Mais nous pouvons apporter notre aide. Dans une enquête, chaque minute compte.

Le médecin leva les yeux vers elle et demanda en souriant :

—Vous êtes les Pirates, pas vrai ? J'ai lu un article sur vous dans *Le Courrier de la mer.*

Il s'adressa ensuite au touriste :

— Vous pouvez leur montrer votre film. Ces jeunes gens sont de talentueux détectives.

— Bon, entendu.

Le vacancier fit défiler l'enregistrement jusqu'au moment du choc, puis tourna l'écran du caméscope vers les Pirates.

— Mince, pesta Léa en regardant attentivement le film. On voit bien le cabriolet, mais l'immatriculation est masquée en partie par un scooter. Je n'arrive à lire que « CP-79 ».

—Vous voyez ça ? s'exclama soudain Lucas. Le conducteur a tourné la tête lorsque la jeune fille est tombée. Il ne pourra pas dire qu'il n'a rien remarqué !

À la fin de l'extrait, Quentin se gratta la tête pensivement.

— Il existe certainement beaucoup de cabriolets de couleur sombre dont l'immatriculation commence par « CP-79 ».

Léa leva les yeux de l'écran et se figea.

— Inutile de chercher, dit-elle en fronçant les sourcils.

Qu'a vu Léa ?

PRESSE - SNACK
Le conducteur du cabriolet est caché derrière le kiosque à journaux

4. Cuisante déception

— Le conducteur est caché derrière le kiosque à journaux et nous observe.

À cet instant, une sirène retentit au loin. Effrayé, le propriétaire du cabriolet tressaillit et prit ses jambes à son cou.

— En avant, suivons-le ! cria Léa. Séparons-nous pour l'encercler !

Les trois détectives s'élancèrent à la poursuite du fuyard. Leur plan faillit fonctionner, mais quelques secondes avant qu'ils n'atteignent l'homme, celui-ci sauta dans son cabriolet et démarra sur les chapeaux de roue.

Un papier s'envola du siège passager et virevolta dans les airs.

Dépités, les Pirates regardèrent la voiture s'éloigner.

— Nous n'avions aucune chance contre un moteur de trois cents chevaux, haleta Lucas. Même Schumacher ne l'aurait pas rattrapé. Mais quelqu'un peut-il me dire pourquoi ce type est revenu ici ?

Quentin hocha la tête.

— Il avait probablement mauvaise conscience et voulait savoir comment allait la jeune fille. J'ai déjà vu ça dans un polar à la télé.

Il se mit à scruter le trottoir.

— Où a donc atterri le papier qui s'est envolé de la voiture ?

Où se trouve le papier que cherche Quentin ?

5. Une grosse commission

— Là-bas, près du parcmètre, indiqua Léa.

Lucas ouvrit soudain de grands yeux.

— Dépêchons-nous ! Il faut le récupérer avant que…

Trop tard : à cet instant, un doberman fit ses besoins sur le papier. Puis, soulagé, le chien s'éloigna en trottinant.

— Beurk ! s'écria Lucas en s'approchant du tas odorant. Impossible de lire quelque chose. Pourrais-tu écarter cette chose puante, Léa ? C'est toujours toi qui t'occupes de nettoyer la cage de Schumacher.

— Mais Schumacher ne fait que des crottes minuscules.

Léa s'agenouilla en se bouchant le nez pour examiner le papier de plus près.

— C'est une réservation de chambre d'hôtel, constata-t-elle. En revanche, le nom de l'hôtel se trouve exactement sous… euh… les déjections. Mais il commence par *Pr*.

— Bingo ! fit Quentin. Nous savons maintenant que notre homme réside dans un hôtel. À l'évidence, il passe quelques jours de vacances ici.

— Reste à trouver combien d'hôtels situés dans les environs ont un nom commençant par *Pr*, remarqua Lucas. Rentrons à la maison pour vérifier ça sur Internet.

— Pas la peine, rétorqua Quentin. Je vois ici quelque chose qui nous renseignera plus vite qu'Internet.

Lucas le dévisagea avec étonnement.

— Mais qu'y a-t-il de plus rapide qu'Internet ?

À quoi Quentin fait-il allusion ?

En tournant la tête, il a aperçu l'enseigne de l'office du tourisme qui se trouve de l'autre côté de la rue.

6. Un établissement élégant

Un sourire aux lèvres, Quentin montra du doigt l'enseigne de l'office du tourisme ornant la façade d'un bâtiment qui se dressait dans le dos de Lucas.

Dans le bureau, une employée avenante[1] se fit une joie d'aider les Pirates.

— Un hôtel à Marebourg-les-Bains dont le nom commence par *Pr* ? Il ne peut s'agir que du *Prince des vagues*, qui se trouve sur la promenade, près du yacht-club[2].

La jeune femme ajouta avec un sourire :

— C'est un établissement très élégant.

— Merci de votre aide, dit Léa avant de sortir de l'office du tourisme en compagnie des deux garçons.

Au moment où ils arrivèrent sur le trottoir, une voiture de police surgit au coin de la rue. Guillaume s'arrêta près des détectives et baissa la vitre de sa portière.

—Vous êtes là ! J'ai laissé mon collègue sur le lieu de l'accident. Lorsqu'une passante m'a raconté que vous vous étiez lancés à la poursuite du chauffard, j'ai préféré venir voir si tout allait bien.

Les Pirates expliquèrent brièvement à Guillaume ce qu'ils avaient découvert.

— Montez, dit le policier. Je vous emmène. *Le Prince des vagues* est un hôtel de luxe ; le portier ne vous laissera pas entrer sans moi.

— D'accord, mais éteins ta sirène, le pria Lucas. Sinon, tu vas faire fuir une nouvelle fois notre suspect.

Un peu plus tard, ils pénétrèrent dans le parking de l'hôtel.

— Le cabriolet devrait se trouver ici, supposa Quentin.

---

1. **avenante :** aimable.
2. **yacht-club :** endroit où sont amarrés les bateaux des membres d'un club de voile.

a voiture que les Pirates recherchent est-elle garée devant l'hôtel ?

À l'évidence, le cabriolet du fugitif n'est pas garé sur le parking de l'hôtel.

7. Nouvel échec

Les détectives eurent beau inspecter chaque recoin du parking, ils ne repérèrent aucune trace du cabriolet qui avait provoqué l'accident.

— Ça aurait été un peu trop facile, grommela Quentin, déçu.

— Si l'affaire avait été facile, vous n'auriez pas eu besoin d'intervenir, l'encouragea Guillaume.

Ils entrèrent dans le hall de l'hôtel.

— Waouh ! s'extasia Lucas en contemplant les chromes et les marbres étincelants qui ornaient la salle. Pas mal du tout, cette petite auberge !

Un homme en costume jaillit de derrière le comptoir de la réception et se dirigea avec empressement vers Guillaume.

— Bonjour, Monsieur, salua-t-il poliment en examinant l'uniforme de son interlocuteur. Que puis-je faire pour vous ? La présence de la police est plutôt inhabituelle dans notre établissement, et nous ne souhaitons pas inquiéter nos hôtes.

Les Pirates remarquèrent que de plus en plus de clients de l'hôtel jetaient des regards vers le policier en murmurant tout bas.

— Dans ce cas, allons discuter dans votre bureau, proposa Guillaume.

— Pendant ce temps, nous surveillons le hall, lui glissa Léa.

Alors que Guillaume disparaissait derrière une porte matelassée de cuir, Quentin se laissa tomber dans un fauteuil d'aspect confortable.

— Si notre fuyard séjourne ici, il doit avoir beaucoup de fric, commenta-t-il, impressionné.

— Il réside ici, souffla Léa. Il est là-bas, au fond de la salle.

Où se trouve le conducteur du cabriolet ?

8. Sous-sol : « Tout le monde descend ! »

Discrètement, Léa fit un signe de tête en direction de l'ascenseur dont les portes venaient de s'ouvrir.

— Il est dans l'ascenseur, mais vous devez regarder dans le miroir pour l'apercevoir.

Un couple entra dans la cabine et les portes se refermèrent. Puis des témoins lumineux indiquèrent que l'appareil descendait au sous-sol.

— Suivons-le ! ordonna Léa.

— Mais comment faire sans ascenseur ? demanda Lucas. Et nous devons prévenir Guillaume.

Agacée, l'adolescente haussa les sourcils.

— Pas le temps ! Venez, il y a un escalier là-bas !

Les jumeaux avaient déjà traversé la moitié de la salle lorsque Quentin réussit enfin à s'extraire de son fauteuil. Sous les regards étonnés des clients de l'hôtel, il se rua à son tour vers les marches.

En arrivant près de l'escalier, il entendit Lucas crier à Léa :

— Je sais maintenant où se trouve le cabriolet ! C'est trop bête ! Nous avons vraiment des peaux de saucisson devant les yeux !

Quentin aperçut alors l'indice qu'ils avaient manqué. De rage, il serra les poings. Lucas avait raison. Ils s'étaient laissés aveugler par le luxe tapageur des lieux.

Que vient de remarquer Quentin ?

9. Dans le parking souterrain

Quentin suivit le panneau indiquant le parking souterrain et dévala l'escalier. Parvenu au sous-sol, il rejoignit ses amis qui l'attendaient devant une lourde porte de métal.

— Déjà là ? plaisanta Lucas.

— Je ne m'assoirai plus jamais dans un fauteuil aussi mou, grogna Quentin. Parole de Pirate !

— Chut, fit Léa en posant un doigt sur ses lèvres.

Elle ouvrit sans bruit la porte métallique.

Les trois compères fouillèrent du regard le parking souterrain. En face d'eux se trouvait l'ascenseur, dont les portes étaient restées ouvertes. La cabine était vide.

Où pouvait donc bien être le fugitif ? et le cabriolet ?

Tête baissée, les détectives se glissèrent entre les voitures. Plusieurs fois, ils crurent reconnaître celle qui avait provoqué l'accident, mais il s'agissait seulement de véhicules de couleur sombre lui ressemblant.

— Nous n'avons pas été assez rapides, maugréa finalement Quentin, désappointé[1]. Le type s'est enfui. Comment est-ce possible ?

Il s'apprêtait à se redresser lorsque Léa le retint par le bras.

— Attention ! murmura-t-elle.

Elle avait enfin repéré le cabriolet avec l'immatriculation « CP-79 ». Et une autre surprise attendait les Pirates.

1. **désappointé :** déçu.

Qu'a vu Léa ?

SORTIE
BZ-224-TB
CP-569-KL
Elle a aperçu, derrière un pilier, le cabriolet du fugitif.

10. Des bruits étranges

Léa montra du doigt le pilier derrière lequel était stationné le cabriolet. Une poignée de secondes plus tard, les deux garçons aperçurent également le pantalon rayé du fuyard.

Soudain, un léger bruit de raclement retentit.

Les Pirates échangèrent des regards surpris et haussèrent les épaules, perplexes : impossible de voir ce que faisait le chauffard.

Puis l'homme se releva brusquement. Il scruta le parking afin de vérifier s'il était bien seul.

Les trois détectives baissèrent aussitôt la tête, priant pour que le fugitif ne les repère pas.

Apparemment, ils n'avaient pas été découverts. De leur cachette, ils le virent s'affairer autour du cabriolet.

L'instant d'après, le bruit reprit de plus belle et, tout à coup, une vitre vola en éclats.

Malgré la curiosité qui les démangeait, les Pirates attendirent patiemment. Au bout d'un moment, l'homme sembla avoir achevé sa besogne. Ses pas s'éloignèrent, l'ascenseur repartit et le silence retomba sur le parking.

Prudemment, les adolescents quittèrent leur cachette et s'approchèrent du cabriolet.

— Mais qu'est-ce qu'il a fait à sa voiture ? interrogea Lucas d'un air pensif.

Quentin siffla entre ses dents.

— C'est dingue ! Il fallait y penser !

Qu'a fait le conducteur responsable de l'accident ?

11. Un habile stratagème

— Il a fracturé[1] sa propre voiture, observa Léa. Ça n'a aucun sens.

— Pas au premier abord, répondit Quentin. Mais le type sait que des témoins ont vu l'accident et qu'une personne a probablement noté l'immatriculation de son cabriolet. Quand la police l'arrêtera, il racontera que sa voiture a été volée.

— Et un voleur l'aurait remise à sa place dans le parking après l'accident ? objecta Lucas.

Quentin hocha la tête.

— Parfois, des gens volent des voitures de luxe uniquement dans le but de faire une petite virée. J'ai déjà lu ça dans un roman policier.

— Ce n'est pas vraiment crédible, fit remarquer Léa avec une moue sceptique. Les témoins ont vu le visage du chauffard.

— Nous avons même un film pour l'identifier, renchérit Lucas. D'après moi, l'affaire est résolue. Allons prévenir Guillaume.

Arrivés dans le hall de l'hôtel, ils aperçurent ce dernier qui se dirigeait vers eux. Le policier tenait à la main une liste des clients de l'établissement.

— On peut vraiment compter sur vous, se réjouit-il après que les Pirates lui eurent donné le numéro d'immatriculation complet du cabriolet. Je vais appeler le poste pour obtenir l'identité du conducteur.

Il sortit son téléphone portable.

— Demande-la-lui directement, suggéra Léa en souriant. En ce moment, il peut difficilement s'enfuir.

---

1. **fracturé :** cassé pour ouvrir.

Où se trouve le conducteur du cabriolet ?

Le sourire du violon

1. Une nouvelle affaire

Au poste de police, le lendemain, Guillaume achevait d'écrire le rapport relatant l'arrestation du conducteur.

— « … *et le suspect fut finalement appréhendé dans le salon de coiffure de l'hôtel, où il était en train de se faire raser la tête afin de tromper les témoins de l'accident susceptibles de l'identifier* », lut-il à haute voix pour les trois détectives. Voilà, c'est terminé.

Lucas fit le tour du bureau pour contempler la photo du chauffard.

— Guillaume, crois-tu que les témoins auraient reconnu l'homme s'il avait pu se raser la tête entièrement ?

— C'est peu probable, répondit le policier tout en imprimant son rapport. Lors d'un accident, tout va très vite.

Il fit un clin d'œil à Lucas.

— Mais, grâce à vous, ce type s'est vu retirer son permis de conduire. Il va payer une lourde amende et risque même une peine de prison.

Quentin se frotta les mains.

— Eh oui ! Nous, les Pirates, sommes la terreur des criminels de toutes sortes.

— Exactement, acquiesça Lucas. J'ai hâte de lire le prochain article sur nous dans *Le Courrier de la mer*. Léa pourra l'afficher avec les autres sur la porte de la cabine de *La Perle des mers*…

Le garçon se tut, car sa sœur n'écoutait plus la conversation. Elle regardait par la fenêtre, les sourcils froncés.

— Léa ?

— Voilà quelqu'un qui semble avoir de gros ennuis, dit-elle.

Qui Léa a-t-elle vu par la fenêtre ?

2. La carte de visite

L'instant d'après, la porte du bureau s'ouvrit et un collègue de Guillaume fit entrer dans la pièce une jeune femme aux yeux rougis par les larmes.

— Madame souhaiterait signaler la perte d'un violon, expliqua l'agent.

Guillaume pria l'inconnue de prendre place sur le siège réservé aux visiteurs.

— L'instrument a-t-il été volé ? s'enquit-il.

La jeune femme renifla.

— Non. Enfin, je l'ignore, répondit-elle d'un air embarrassé. Je voyageais en train. Je suis descendue à Marebourg-les-Bains où je devais prendre le ferry. Et j'ai oublié mon violon dans le compartiment…

Les Pirates écoutèrent attentivement la fin de l'histoire : la voyageuse s'était vite rendu compte de son oubli, mais le train était déjà reparti. Elle avait aussitôt demandé à la compagnie ferroviaire de contacter le contrôleur pour savoir si l'instrument avait été retrouvé. Mais le violon avait disparu.

— J'ai besoin de votre aide ! implora-t-elle. Demain soir, je dois donner un concert. Je n'ose même pas imaginer ce qui va se passer si je ne retrouve pas mon violon d'ici là !

— Hélàs ! la police ne peut rien faire s'il ne s'agit pas d'un vol.

Guillaume paraissait sincèrement désolé.

— Mais mes amis ici présents pourront peut-être vous aider, ajouta-t-il.

Léa hocha la tête.

— Avez-vous une photo du violon ?

— Une toute petite, répondit la musicienne en sortant une carte de visite sur laquelle était représenté l'instrument.

— On dirait que votre violon sourit, commenta Lucas.

Quel détail a attiré l'attention de Lucas ?

3. Un instrument de grande valeur

— Tu l'as remarqué ! s'exclama Juliette Sander. Pour la plupart des gens, cette veinure sombre n'est qu'une simple tache. Certains pensent même que c'est un défaut de fabrication.

Quentin examina la carte de visite en plissant les yeux.

— J'aurais dit la même chose, avoua-t-il en toute sincérité. Mais ce violon a une grande valeur, n'est-ce pas ?

— Oui, il a plus de cent ans. Les spécialistes l'ont surnommé « Le Souriant », à cause de cette veinure en forme de lèvre retroussée. Il a un timbre[1] merveilleux.

Juliette Sander poussa un profond soupir avant de poursuivre :

— Je n'ai pas les moyens de m'acheter un instrument pareil. Un riche collectionneur le met à ma disposition pour les concerts. Et je l'oublie dans le train...

Elle éclata de nouveau en sanglots.

— Et si nous commencions nos investigations à la gare ? proposa Léa aux deux garçons.

— Appelez-moi dès que vous aurez trouvé quelque chose, intervint Guillaume.

Il se tourna vers la jeune femme pour la réconforter :

— Et maintenant, je vais vous préparer une tasse de thé. Cela vous fera du bien.

Peu après, les Pirates arrivèrent dans le hall de la gare.

— Juliette Sander a dit qu'elle était descendue du train à douze heures dix, se souvint Léa. Elle était la seule passagère à le quitter.

— Bingo ! fit Quentin. Nous savons à présent dans quelle ville le violon a atterri.

---

1. **timbre :** qualité particulière d'un son.

Jusqu'où le violon a-t-il voyagé ?

4. Prochain arrêt : Scionval

D'après l'horaire, les détectives conclurent que le train était reparti à douze heures douze pour la ville de Scionval.

— Il est sans arrêt jusqu'au terminus, nota Lucas. Au moins, Le Souriant est resté dans la région et n'est pas parti au pôle Nord.

Quentin rajusta ses lunettes d'un air songeur.

— Je pense que les choses se sont déroulées de la sorte : un voyageur a trouvé le violon dans le wagon. Il est ensuite descendu à Scionval, le terminus de la ligne. Au lieu de remettre l'instrument au Bureau des objets trouvés, il est tout simplement rentré chez lui…

— … parce qu'il joue lui-même du violon et que l'instrument lui a plu, enchaîna Léa.

— Ou bien il veut gagner de l'argent, avança Lucas, dont les yeux se mirent à briller. Mais oui, bien sûr ! Nous avons une nouvelle piste ! Le violon a peut-être été mis en vente sur Internet !

Les Pirates se hâtèrent de reprendre leurs vélos et se rendirent chez les jumeaux. Lucas alluma aussitôt son ordinateur.

En naviguant habilement sur la Toile, il ne tarda pas à découvrir un site sur lequel étaient vendus des instruments d'occasion.

Lucas tapa « violons » sur son clavier pour affiner la recherche, et l'écran se remplit alors d'annonces.

— Zut ! grommela Léa. Il n'y a aucune photo.

— Ça ne fait rien, répondit Quentin d'une voix calme. Une seule annonce nous intéresse.

À quelle annonce Quentin fait-il allusion ?

Petites annonces - vente de violons

Offre	Publiée
1.Violon de concert *Modèle 41/941, rare, magnifique violon du Japon, début des années 90*	il y a 33 minutes
2.Violon de Mittenwald *Facture H. Joinville Paris, 1929*	il y a 45 minutes
3.Instrument de soliste *Nous sommes heureux de mettre en vente un instrument du luthier F. Rey, fabriqué en 2006*	il y a 55 minutes
4.Alto classique italien *Très beau timbre, comme c'est souvent le cas pour les instruments italiens*	il y a 1 heure
5.Violon ancien *Violon ancien à vendre. Me contacter pour plus de détails*	il y a 2 heures
6.Violon d'occasion *Je n'en ai plus l'utilité.*	il y a 4 heures
7.Fantastique violon de concert d'un maître luthier *Modèle IIIA, très agréable à jouer, très beau timbre*	
8.Violon très rare *Caisse de résonnance plus fine qu'un violon normal.*	
9.Violon ancien Amati *Vend splendide violon ancien, nécessite petites restaurations.*	
10.Instrument pour collectionneur *Objet d'art finement ouvragé, véritable antiquité du 18e siècle, création des Frères Meunier, en bois de merisier*	

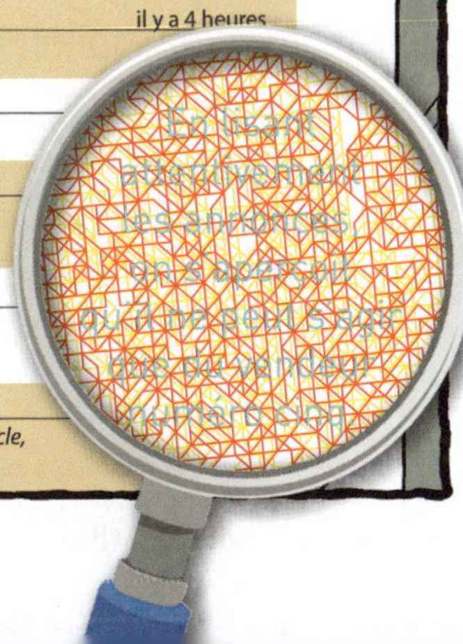

5. L'attente

— Celle-ci, dit Quentin en montrant du doigt la cinquième annonce. Les premiers instruments ne sont pas assez anciens. La quatrième est un alto[1] et la sixième a été mise en ligne il y a quatre heures. À ce moment-là, Le Souriant était encore dans le train.

Lucas fronça les sourcils.

— « *Violon ancien à vendre – Me contacter pour plus de détails* », lut-il à haute voix. Impossible de savoir s'il s'agit de notre violon. Je vais répondre en faisant croire que je suis prêt à l'acheter.

Lucas fit voler ses doigts sur le clavier et envoya un message. Après cela, il ne restait plus aux trois compagnons qu'à attendre une réponse du mystérieux vendeur.

— Combien vaut Le Souriant, à votre avis ? demanda Quentin. Vingt mille ?

— Peut-être plus, dit Léa.

Elle se leva pour aller prendre un gros livre rangé sur l'étagère au-dessus du lit de son frère.

— J'ai lu là-dedans que certains violons coûtent plus d'un million d'euros.

Elle s'apprêtait à remettre l'ouvrage à sa place lorsqu'une petite sonnerie retentit, annonçant l'arrivée d'un message. Les détectives se précipitèrent vers l'écran.

— Nous avons tiré le gros lot ! s'exclama Quentin.

Cette fois-ci, le vendeur avait envoyé une photo du violon – et il s'agissait bien de l'instrument de Juliette Sander.

— Le type qui l'a trouvé n'y connaît rien en violons, pouffa Lucas.

---

1. **alto :** instrument à cordes un peu plus gros que le violon.

ourquoi le vendeur n'est-il pas un connaisseur aux yeux de Lucas ?

6. Détournement d'objets trouvés

— Tu as raison : il ne demande que cent euros pour cette magnifique pièce, constata Léa.

Dans l'e-mail, il était précisé que l'acheteur devait apporter l'argent en liquide. Le lieu de rendez-vous proposé était le bar *Au Buveur impénitent*, situé près de la gare de Scionval.

— Hm, marmonna Lucas. Que faisons-nous maintenant ? Mes petites cellules grises me disent que ce n'est certainement pas légal de vendre un objet que l'on a trouvé.

— Exact, c'est ce qu'on appelle « un détournement d'objet trouvé », expliqua Quentin. Et ça devrait intéresser Guillaume.

— Alors en route ! lança Léa en faisant grimper Schumacher dans sa poche. J'ai un plan pour récupérer Le Souriant. Mais tout d'abord, Lucas, tu vas envoyer un message à notre inconnu pour lui dire que nous serons à dix-neuf heures à Scionval…

Trois heures plus tard, les Pirates descendirent de la voiture personnelle de Guillaume, qui venait de se garer devant la gare de Scionval.

— Dommage que Juliette ne puisse pas être avec nous lorsque nous rencontrerons ce mystérieux vendeur, remarqua le policier. Mais Léa a raison : si le type l'a aperçue dans le train, il va flairer le piège et mettre les voiles.

— Heureusement, Juliette n'est pas loin, répondit Lucas en souriant.

Guillaume lui fit un clin d'œil.

— Oui, je peux la voir d'ici. Mais où se situe le bar dans lequel le rendez-vous doit avoir lieu ?

Où se trouve le *Buveur impénitent* ?

7. Jeu de rôle

— Là-bas, signala Léa en tendant le bras vers l'autre côté de la place de la Gare. L'enseigne est à moitié cachée par les branches d'un sapin.

— Alors, allons-y, ma chère nièce, annonça Guillaume en lui offrant son bras. Nous allons t'acheter un beau violon.

— Oh oui, mon oncle ! s'écria Léa avec un enthousiasme feint.

Elle prit le bras du policier et poursuivit sur le même ton théâtral :

— Je suis tellement contente de pouvoir enfin apprendre à jouer d'un instrument !

— Tu en fais un peu trop, sœurette, soupira Lucas. L'idée de faire passer Guillaume pour ton oncle est bonne, mais inutile d'en rajouter. Ce ton niais ne convient pas à une vraie Pirate.

— Pff, éluda[1] Léa gaiement. Un bon détective doit savoir jouer la comédie.

Dans le bar, les quatre compères remarquèrent aussitôt que le vendeur du violon n'était pas encore là. Ils s'installèrent à une table de laquelle ils pouvaient surveiller la porte d'entrée.

— Quatre jus de pomme, commanda Guillaume à la serveuse.

— Et voilà, murmura Léa quelques secondes plus tard.

— Hein ? s'étonna Quentin. Mais la serveuse est encore en train de remplir nos verres derrière le comptoir.

— Je ne parle pas d'elle.

1. **éluda :** évita de répondre.

Qu'a aperçu Léa ?

8. Une rencontre inattendue

Un instant plus tard, Quentin et Lucas virent une vieille dame pénétrer dans le bar avec un étui à violon. L'inconnue portait des vêtements très modestes. Lorsqu'elle balaya la salle du regard, Guillaume lui fit signe.

— Êtes-vous le monsieur qui s'intéresse au violon ? demanda-t-elle d'une voix hésitante, visiblement mal à l'aise.

— Oui, acquiesça son interlocuteur. Mais, je vous en prie, asseyez-vous. Puis-je vous commander quelque chose à boire ?

Les Pirates échangèrent des regards gênés. Ils pensaient qu'un sale type s'était emparé du violon pour se faire de l'argent et se retrouvaient maintenant face à une vieille dame qui semblait vivre dans la misère. Heureusement, Guillaume avait compris la situation et se montrait gentil envers l'inconnue.

— Non, merci, répondit-elle. Je ne veux pas vous déranger longtemps.

Elle ouvrit maladroitement l'étui du violon.

— Voilà l'instrument. Il est déjà vieux et il a une tache ici. Si la somme de cent euros vous paraît trop élevée…

Guillaume prit un air grave.

— Cent euros pour un tel instrument, ce n'est vraiment pas cher. Mais nous avons un problème : ce violon ne vous appartient pas. Vous l'avez trouvé aujourd'hui dans le train, n'est-ce pas ?

— Moi ? protesta-t-elle en rougissant de honte. Je… je n'ai pas pris le train aujourd'hui !

Quentin vit qu'elle mentait.

Quel indice a remarqué Quentin ?

1. Au guichet

Dans le port des ferrys[1] régnait une intense activité. En compagnie de Guillaume, les Pirates attendaient Juliette Sander qui faisait la queue au guichet pour acheter un billet.

— Dommage que Juliette n'habite pas ici, dit Quentin. Elle est vraiment gentille. Elle aurait pu porter plainte contre la vieille dame avec le ticket de train qu'elle avait dans sa poche.

Léa hocha la tête en signe d'assentiment.

— C'est vrai. Et, au lieu de ça, Juliette lui a même donné cent euros de récompense pour avoir retrouvé le violon. La vieille dame a sûrement plus besoin de cet argent que nous.

— Qu'aurions-nous fait de ce fric de toute façon ? ironisa Lucas. Nous démasquons les criminels avec nos super-cerveaux de détectives. Nous n'avons besoin de rien d'autre.

Il se tourna vers Guillaume :

— Une chose m'intrigue : si Juliette avait déposé une plainte, le voisin de la vieille dame aurait-il eu lui aussi des problèmes avec la justice ? Aurait-il été condamné pour avoir mis l'annonce sur Internet ?

— Non, fit le policier en secouant la tête. L'étudiant ne pouvait pas savoir que le violon n'appartenait pas à sa voisine. Lorsqu'elle lui a demandé de l'aide, il a pensé qu'elle était forcée de vendre ses biens pour gagner un peu d'argent.

Son ticket à la main, Juliette Sander les rejoignit sur le quai.

— Dites-moi : la période du carnaval est terminée depuis longtemps, non ? demanda-t-elle, amusée.

1. **ferrys :** navires pouvant transporter des voitures, des trains et des passagers.

Qu'a remarqué Juliette Sander ?

2. Le clown

Juliette se retourna et montra du doigt le guichet. Un clown venait de se placer au bout de la file d'attente.

— Est-ce qu'il veut prendre le bateau lui aussi ? s'étonna Quentin. Il faut qu'il se dépêche.

À cet instant, la corne du ferry sonna pour annoncer le départ.

Juliette jeta à Guillaume un regard navré.

— Voilà, il est temps de se dire au revoir.

Le policier sourit d'un air gêné.

— Oui, dommage. Nous vous souhaitons un bon concert. Euh... et si vous jouez un jour à Marebourg-les-Bains, prévenez-nous, d'accord ?

La musicienne lui rendit son sourire.

— Bien sûr. Au revoir.

Elle gravit la passerelle du navire et leur fit signe de la main. En retour, Léa agita la patte de Schumacher pour lui rendre son salut.

— N'oubliez pas votre violon à bord quand vous serez arrivée à destination ! cria Lucas. Nous, les Pirates, ne pouvons pas être partout !

De nouveau, la corne retentit, puis le ferry appareilla[1]. Tout sourires, les détectives se donnèrent des coups de coude en observant Guillaume qui regardait d'un air mélancolique le bateau s'éloigner.

Soudain, des cris s'élevèrent derrière eux.

Les quatre compères firent volte-face.

— Au secours ! hurlait la caissière derrière son guichet. Au voleur !

— Je sais qui a l'argent ! affirma Léa.

1. **appareilla :** leva l'ancre et quitta le port.

Qui a dérobé l'argent ?

3. Une bedaine factice

— Moi aussi, rétorqua Quentin. Là-bas, le clown s'enfuit avec un couteau à la main !

Le voleur courait en direction du centre-ville.

— Il ne doit pas nous échapper !

Guillaume et les Pirates s'élancèrent sur-le-champ à la poursuite du clown. Mais celui-ci disposait d'une confortable avance.

— Il est rapide malgré son gros ventre ballottant, ahana[1] Lucas sans ralentir l'allure.

— Sa bedaine[2] est fausse, lança Léa. C'est là qu'il a caché son butin…

À cet instant, un sac de toile tomba de la veste du fugitif. Celui-ci stoppa sa course, se pencha et jeta un regard derrière lui. Il aperçut alors ses quatre poursuivants.

— Nous allons l'attraper ! cria Quentin.

Les Pirates se réjouirent trop vite. Une seconde plus tard, un flot de touristes sortit d'un magasin de souvenirs à l'angle de la rue et leur bloqua le passage.

Les détectives virent leur homme ramasser le sac et leur faire un pied de nez.

— Écartez-vous ! ordonna Guillaume en jouant des coudes pour se frayer un chemin à travers la meute de touristes déconcertés.

Trop tard : le clown avait disparu. Mais Léa savait dans quelle direction il s'était enfui.

1. **ahana :** respira bruyamment.
2. **bedaine :** gros ventre.

Qu'a vu Léa ?

2,95
OHÉ DU BATEAU !
Vêtements et accessoires pour marin
Glacier Leonardo
Au vieux loup de mer
Léa a repéré le nez rouge que le clown a mis au mannequin de la boutique de vêtements Ohé du bateau.
ES VOYAGES ARMORICAINS

4. Un indicateur inattendu

Léa passa comme l'éclair devant le mannequin de la boutique de vêtements que le clown avait décoré de son nez rouge.

— Il se moque de nous, enragea Quentin. On dirait qu'il veut nous indiquer le chemin.

— C'est logique, haleta Lucas. Les clowns adorent faire des plaisanteries. Hé, regardez ! Il est là-bas !

Au coin de rue suivant, le voleur jeta un bref regard par-dessus son épaule et fit un large sourire à ses poursuivants. Ou l'expression rieuse sur son visage était-elle due à son maquillage ?

Les Pirates reprirent leur course. Lorsqu'ils atteignirent la rue du Havre, ils virent leur fuyard se diriger vers la place du Marché.

— Il va nous échapper s'il arrive avant nous au marché ! s'exclama Quentin. De nombreuses ruelles partent de la place.

Les quatre compères accélérèrent l'allure, mais leurs efforts furent vains. Lorsqu'ils débouchèrent sur la place du Marché, le clown avait disparu.

Lucas s'arrêta pour reprendre son souffle :

— Tes yeux de lynx distinguent-ils quelque chose, Léa ? Le plaisantin nous a-t-il laissé un autre indice ?

— Sa perruque peut-être, suggéra Quentin d'un ton railleur.

— Ou le sac qui contenait son butin, enchaîna Lucas.

Sa sœur secoua la tête.

— Non, mais, cette fois-ci, nous sommes aidés par quelqu'un d'autre.

Comment Léa a-t-elle deviné par quel chemin le voleur s'est enfui ?

5. Dans l'impasse

Elle montra du doigt l'autre côté de la place. Assis devant l'entrée d'une maison, deux jeunes garçons riaient aux éclats.

Guillaume et les Pirates coururent vers eux. Le policier demanda :

— Salut, les enfants ! Avez-vous vu passer un clown à l'instant ?

— Il est entré dans la ruelle ! pouffèrent les garçons. Il se déplaçait comme un singe. Hi, hi !

De nouveau, ils se tordirent de rire en se tenant le ventre.

— En voilà de joyeux témoins, commenta Lucas en s'élançant à la suite de ses compagnons dans la ruelle de l'Épine.

Guillaume fronça les sourcils.

— Joyeux, mais pas très fiables apparemment. Notre homme aurait dû être pris au piège.

La ruelle de l'Épine était une impasse, entourée de hauts murs de briques. Pourtant le clown s'était volatilisé.

Déçu, Guillaume sortit son portable pour prévenir ses collègues.

— J'ai le sentiment que le voleur est bien passé par ici, murmura Quentin en inspectant le cul-de-sac. Nous avons raté un détail. Mais lequel ?

Lucas s'appuya contre l'un des murs.

— Aucune idée. Mais pourquoi les deux garçons ont-ils dit que le clown se déplaçait comme un singe ? C'est étrange, non ?

Quentin laissa échapper un sifflement entre ses dents.

— Je sais ! Effectivement, ce type est agile comme un singe.

Il a remarqué,
au fond de
l'impasse,
les branches
cassées
du lierre.

6. Un artiste de l'escalade

Quentin montra les branches cassées d'un lierre qui grimpait le long du mur contre lequel était appuyé Lucas.

— Le clown a escaladé la paroi. Il a laissé des marques aux endroits où il a pris appui durant son ascension.

Lucas écarta quelques feuilles du lierre.

— Agile comme un singe, mon œil ! grogna-t-il. Il y a un treillage[1] là derrière. Notre acrobate l'a utilisé comme une échelle.

Léa cracha dans ses mains.

— À l'abordage, Pirates ! lança-t-elle avant de se hisser sur le mur.

Son frère, Quentin et Guillaume la suivirent.

De l'autre côté, ils découvrirent une cour dans laquelle s'entassaient des gravats et toutes sortes de vieux objets usagers. Ils descendirent sans difficulté grâce à plusieurs caisses en bois abandonnées au pied du mur. Un silence sinistre enveloppait les lieux.

— Où est passé le clown ? demanda Lucas à voix basse. J'avais espéré qu'il se serait cassé les deux jambes en sautant à terre. Il n'a pas pu s'enfuir : le portail est verrouillé et il y a des barbelés.

— Ça signifie qu'il est encore ici, en conclut Quentin.

Léa laissa promener son regard sur la cour.

— Je crois que je sais où il s'est caché, chuchota-t-elle soudain.

---

1. **treillage :** assemblage de pièces de bois où l'on peut faire pousser des plantes grimpantes.

Qu'a remarqué Léa ?

7. Un renfort de choc

— Bingo ! s'exclama Quentin en remarquant, à son tour, le cadenas forcé sur l'une des portes du bâtiment voisin. Est-ce que nous entrons ?

Guillaume secoua la tête.

— Non, c'est trop dangereux. Souvenez-vous : il a un couteau. Et comme je suis en civil, je n'ai pas mon arme.

À cet instant, plusieurs sirènes retentirent de l'autre côté du mur.

Le policier monta sur les caisses et fit signe à ses collègues :

— Carlo et Stéphane, escaladez le treillage ! Les autres, faites le tour du bloc et essayez d'ouvrir le portail qui permet d'accéder à la cour intérieure !

Quelques instants plus tard, les Pirates virent Stéphane se hisser au sommet de la paroi.

Le policier se retourna et cria :

— Vas-y, Carlo ! Grimpe !

Les trois détectives entendirent des aboiements suivis de quelques geignements, puis le museau de Carlo apparut en haut du mur.

— C'est bien, mon chien, le félicita Stéphane.

L'agent donna un biscuit au berger allemand, et tous deux descendirent dans la cour pour saluer les Pirates.

— C'est gentil de nous aider, Carlo, dit Léa en caressant l'animal.

Elle se tourna vers Stéphane.

— Il a besoin d'un objet appartenant au voleur pour retrouver sa piste, non ?

— Nous avons justement ce qu'il faut, intervint Guillaume en sautant des caisses. Je viens de voir que notre homme a perdu quelque chose en chemin.

Qu'a perdu le voleur ?

8. Dans le noir

Guillaume écarta les deux caisses de manière à pouvoir passer le bras dans l'interstice. Puis il prit un mouchoir et ramassa le couteau du voleur.

— Ouf ! le clown n'est plus armé, déclara Lucas en poussant un soupir de soulagement. Euh… je n'avais pas peur pour nous, mais pour Carlo naturellement…

Les détectives regardèrent le berger allemand flairer le manche du couteau.

— Cherche, Carlo ! ordonna Stéphane.

Le chien ne se le fit pas dire deux fois : il baissa la tête, renifla le sol et marcha jusqu'à la porte, qu'il ouvrit adroitement avec la patte.

Une odeur de renfermé s'échappa du couloir plongé dans la pénombre. Cela ne sembla pas gêner Carlo, qui s'enfonça dans l'obscurité sans la moindre hésitation.

— Carlo a un gros avantage sur nous, murmura Quentin d'un ton peu rassuré avant de suivre le chien : son flair lui dicte le chemin.

Le garçon trébucha sur un objet qui gisait au sol et perdit l'équilibre. Une main puissante le saisit par le bras pour l'empêcher de tomber. Il entendit la voix de Guillaume lui souffler :

— Fais attention où tu mets les pieds.

Quelques instants plus tard, Lucas s'écria :

— On dirait que c'est un peu plus lumineux au fond du couloir.

Carlo les conduisit dans une pièce où s'entassait un bric-à-brac d'objets divers.

— Zut ! pesta Léa. Le clown nous a encore filé entre les doigts !

Elle a aperçu
un morceau d'étoffe
accroché dans
le rosier qui pousse
devant la fenêtre
de droite.

9. « Bravo, Carlo ! »

Léa se dirigea en même temps que Carlo vers la fenêtre ouverte située au fond de la pièce.

— Regardez !

Elle montra du doigt un morceau d'étoffe accroché dans le rosier qui poussait devant la fenêtre.

— Le voleur a déchiré son pantalon.

Le berger allemand posa les pattes avant sur le rebord et pointa le museau dans la direction prise par le fuyard.

— Bravo, Carlo ! le complimenta le maître-chien.

— Et moi alors ? s'écria Léa en jouant l'indignée. Personne ne me félicite ?

— Bravo, sœurette ! fit Lucas en imitant le ton de Stéphane. Tu auras un biscuit à la maison.

Guillaume alla ouvrir la seconde fenêtre.

— Sortons par ici pour ne pas effacer les traces laissées par notre voleur.

D'un bond, Carlo se faufila par l'ouverture. Le petit groupe le suivit et la traque reprit. Guidés par l'animal, Pirates et policiers longèrent plusieurs rues, franchirent deux carrefours et passèrent sous un pont de chemin de fer.

La piste les mena jusqu'à un petit immeuble d'habitation. Le chien monta au quatrième étage et s'assit en aboyant devant la porte d'un appartement.

À l'intérieur, on pouvait entendre de l'eau couler.

Guillaume sonna.

— Police ! Ouvrez !

Le bruit d'eau cessa. Quelques secondes plus tard, un jeune homme ouvrit la porte, une serviette à la main.

— Et voilà notre clown ! annonça Quentin.

Comment Quentin a-t-il reconnu le voleur ?

10. Sans issue

— Hein ? bredouilla l'homme. La police ? Mais de quel clown parlez-vous ?

—Vous avez de la poudre blanche derrière l'oreille, répondit Guillaume. Un reste de votre maquillage. Vous êtes en état d'arrestation.

— Wouf ! aboya Carlo, les yeux rivés sur l'homme.

Le clown démasqué n'avait plus aucun moyen de s'enfuir.

— Où avez-vous caché votre butin ? demanda Quentin.

— Je… je ne comprends pas, mentit l'individu pour tenter de sauver sa peau. J'ai encore un peu de mousse à raser derrière l'oreille, c'est tout.

— Bien sûr, ironisa Lucas en entrant dans l'appartement à la suite de Guillaume. Et Léon Martin va livrer un combat de boxe demain à Hollywood.

Le logis était composé d'une seule pièce avec coin « cuisine » et d'une minuscule salle de bains. Mais aucune trace du sac contenant l'argent volé.

— La police scientifique va fouiller cet appartement de fond en comble, annonça Guillaume en sortant son portable.

Léa scruta la pièce en plissant les yeux.

— Attends. Il y a encore une possibilité.

Elle poussa sur le côté une grande plante posée sur une planche à roulettes et ouvrit ensuite la porte-fenêtre qui donnait sur le balcon.

— Tiens, tiens ! s'exclama-t-elle en souriant.

Elle fit deux pas sur le balcon.

— Très malin d'avoir caché le butin de cette manière !

Où se trouve l'argent volé ?

La tour mystérieuse

1. Départ en week-end

Léon Martin vint rendre visite aux Pirates sur *La Perle des mers*. Son regard s'arrêta aussitôt sur la coupure de journal scotchée sur la porte de la cabine du capitaine.

— Par Neptune ! s'écria-t-il. Il s'agit de la dernière affaire que vous avez résolue.

Il lut à haute voix le titre de l'article :

— « Les Pirates pêchent un gros poisson. » Chapeau !

— Oui, le titre est super, répondit Léa. Le clown avait caché son butin à l'extrémité de la ligne de sa canne à pêche.

— Dans le sac, il y avait aussi son costume, ajouta Lucas.

Quentin fourra un roman policier dans son sac.

— Le voleur pensait être plus malin que nous.

— Eh oui, les enfants, ce clown a trouvé plus fort que lui.

Le vieux loup de mer observa les sacs des détectives.

— Mais dites-moi, moussaillons : pourquoi faites-vous vos balluchons ? Vous voulez mettre les voiles ?

Les trois détectives affichèrent un large sourire.

— Nous partons en week-end avec Guillaume, expliqua Quentin. Nous allons passer la nuit dans l'auberge de jeunesse que tient son ami Olivier.

— Mais bien sûr ! s'exclama Léon Martin. Je m'en souviens maintenant. J'ai vraiment la mémoire qui flanche par moments. Eh bien, bon vent !

Après une heure de route, la voiture de Guillaume arriva sur un parking près duquel se dressait un imposant château fort.

— Waouh ! Il est gigantesque ! lança Lucas, impressionné.

— Oui, mais nous ne pourrons pas le visiter entièrement, remarqua aussitôt Quentin.

Quelle partie du château est fermée au public ?

2. Risque d'effondrement

— Quel dommage, la porte de la tour est condamnée ! constata Léa, déçue. J'aurais bien aimé monter au sommet.

Guillaume sortit son sac de voyage du coffre de sa voiture.

— La première fois que je suis venu ici, c'était encore possible. Mais rassurez-vous : vous aurez suffisamment de choses à découvrir.

— Je te crois sur parole, fit Lucas en contemplant l'édifice avec admiration. Tu devrais garder l'œil sur Schumacher, Léa. S'il se perd, tu ne le retrouveras jamais ici. Il y a peut-être même des fantômes. Des petits fantômes de souris effrayants. Bouh !

— Tu as raison, mon garçon : ce château est hanté par des esprits ! lança une voix grave derrière eux. Sinon, ce ne serait pas un vrai château.

Les Pirates firent volte-face. Un homme de l'âge du policier était appuyé contre la porte de la forteresse.

— Mais vous ne craignez rien, poursuivit-il en souriant. Vous êtes sous la protection de la police. Salut, Guillaume ! Comment vas-tu ?

Les deux amis se saluèrent chaleureusement.

— Dis-moi, Olivier : depuis quand ne peut-on plus entrer dans la tour ? demanda Guillaume. Menace-t-elle de s'effondrer ?

Le propriétaire des lieux acquiesça d'un signe de tête.

— Voilà un an que plus personne n'y a mis les pieds.

Il se gratta la barbe avant de reprendre :

— Mais, depuis quelques jours, j'ai l'impression que des choses étranges se passent là-dedans…

— Il y a quelqu'un en haut ! cria soudain Léa.

En levant la tête,
elle a vu quelqu'un
caché derrière
les créneaux
de la tour.

3. Interdiction d'enquêter

Les autres ne remarquèrent rien d'anormal.

— Mais je vous assure que j'ai vu quelqu'un derrière les créneaux, insista l'adolescente. Je ne suis pas folle !

Elle se tourna vers Olivier.

— Et quelles sont ces choses étranges dont vous parliez à l'instant ? Nous…

— Ah non, Léa ! la coupa Guillaume. Pas de nouvelle affaire ! Je voudrais profiter de mon week-end de libre. Ne vous approchez pas de cette tour ; c'est compris ? Un accident est vite arrivé.

Vexée, Léa fit la moue.

— Tu es pire que nos parents.

— Je te rappelle qu'ils m'ont fait promettre de vous ramener sains et saufs à la maison, rétorqua Guillaume. Alors soyez prudents.

Il s'adressa ensuite à Olivier :

— Ne les laisse pas te cribler de questions, okay ?

L'intéressé éclata de rire et donna à son ami une tape sur l'épaule.

— Il n'y a pas grand-chose à dire. La tour est peut-être réellement hantée par un fantôme, car tout est verrouillé. J'ai encore vérifié hier les barreaux des fenêtres.

Il prit le sac de Guillaume.

— Venez ; je vais vous montrer vos chambres.

Les deux adultes se dirigèrent en parlant vers la cour du château, suivis des jumeaux. Quentin resta en arrière et s'approcha discrètement de la tour pour jeter un coup d'œil à travers la fenêtre poussiéreuse du rez-de-chaussée.

Surpris, il poussa un léger sifflement. Non, Léa n'était pas folle : quelqu'un était entré récemment dans la tour !

Qu'a vu Quentin à travers la fenêtre ?

4. Conseil de guerre

— Dans la pièce du rez-de-chaussée, sur la table, il y a une coupe remplie de fraises fraîches, rapporta Quentin aux jumeaux un peu plus tard.

Les Pirates s'étaient retrouvés dans la chambre des garçons. Guillaume les avait laissés seuls et était parti s'installer dans l'appartement privé de son ami.

— Plus personne n'y a mis les pieds depuis un an, mon œil ! triompha Léa.

Lucas fronça les sourcils.

— Les fantômes aussi ont besoin de vitamines, plaisanta-t-il.

— N'importe quoi ! le rabroua sa sœur. Inutile de recommencer avec tes histoires abracadabrantesques de souris-fantômes. Il est temps de faire le point sur la situation.

Les trois détectives s'assirent en tailleur sur le sol.

— Alors, que savons-nous au juste ? récapitula Léa en baissant la voix. Premièrement : la tour est fermée, mais il y a quelqu'un à l'intérieur. Deuxièmement : il se passe des choses étranges au château…

— Et troisièmement : Guillaume ne veut rien savoir de cette histoire, précisa Lucas.

Quentin hocha la tête.

— Nous devrions donc enquêter ce soir de notre propre initiative. À quelle heure pouvons-nous commencer nos investigations sans être gênés ?

— Quand tous les autres clients de l'auberge de jeunesse seront dans leurs chambres, répondit Léa. Il y a un couvre-feu[1] ici.

1. **couvre-feu :** interdiction de sortir après une certaine heure.

Qu'a remarqué Léa ?

5. La vie de château

Lucas se leva et s'approcha de la porte pour jeter un coup d'œil au règlement intérieur.

— Le couvre-feu est fixé à vingt-deux heures. À ce moment-là, Léa ira dans sa chambre et nous attendrons encore un peu jusqu'à ce que tout le monde soit endormi. On pourrait se retrouver à minuit devant la tour. Qu'en dites-vous ?

Il adressa un large sourire à sa sœur.

— C'est l'heure où sortent les souris-fantômes. Bouh…

Durant l'après-midi, les Pirates effectuèrent le tour du domaine en compagnie d'Olivier et Guillaume. Ils visitèrent le musée du château, où on leur fit revêtir une armure, et, dans la lice[1], ils s'exercèrent au tir à l'arc. Pour finir, ils reçurent une leçon d'équitation et eurent la chance de pouvoir monter les chevaux utilisés lors des reconstitutions historiques de joutes médiévales[2].

Après cela, ils prirent le repas du soir avec les autres hôtes de l'auberge dans la salle des Chevaliers.

À la fin du dîner, Guillaume poussa un bâillement.

— Je suis épuisé ! dit-il. La vie dans un château est vraiment éreintante. Je vais dormir comme une pierre.

Après s'être souhaité bonne nuit, ils se séparèrent : Guillaume partit avec Olivier, Quentin et Lucas regagnèrent leur chambre, et Léa se rendit dans l'aile réservée aux filles.

Deux heures plus tard, minuit sonna au clocher d'une église lointaine. Dans le parking plongé dans l'obscurité, Léa souffla :

— Ohé ! Où êtes-vous ?

— Ici ! pouffèrent les garçons.

---

1. **lice :** enclos où se déroulaient les tournois au Moyen Âge.
2. **joutes médiévales :** combats à la lance entre deux hommes à cheval, au Moyen Âge.

Où se cachent Quentin et Lucas ?

6. Les douze coups de minuit

Derrière un buisson, une lampe de poche jeta un bref éclair de lumière. Tête baissée, Léa traversa le parking en courant et rejoignit les garçons dans les sous-bois.

— Bravo ! vous avez trouvé une excellente cachette. Si même mes yeux de lynx ne vous ont pas repérés, c'est que l'endroit est sûr. Ici, personne ne nous verra.

— Excepté les fantômes naturellement, murmura Lucas à l'oreille de sa sœur.

— Arrête, à la fin, avec tes stupides histoires de fantômes ! siffla Léa, agacée. À moins que tu ne croies toi-même à ces âneries ?

— Pas le moins du monde, répondit l'adolescent d'un ton scientifique. À ce jour, il n'existe aucune preuve tangible étayant l'existence des fantômes. Et toi, Quentin, tu y crois ?

L'intéressé haussa les épaules.

— Pas vraiment. Mais, dans les romans policiers que je lis, il y a parfois des histoires de revenants…

Il se tut brusquement en entendant un craquement derrière eux. Une branche morte ?

Au même moment, dans le lointain, un chien hurla à la lune.

— Je ne serais pas étonné de voir apparaître le comte Dracula sous la forme d'une chauve-souris, avoua Quentin d'un ton peu rassuré.

— Sornettes ! s'emporta Léa.

Elle leva les yeux vers les fenêtres du château, toutes plongées dans l'obscurité.

— Commençons-nous notre ronde d'exploration ? Je crois que nous sommes les seuls à être encore éveillés.

— Pas… tout… à fait, bafouilla Quentin à voix basse.

Qu'a remarqué Quentin ?

7. Un drap avec des jambes

Quentin montra du doigt la silhouette blanche qui venait de surgir d'une niche rocheuse près de la tour.

— Il… y a peut-être… un pa... passage secret vers la tou… tou… tour, bégaya-t-il.

Un pâle rayon de lune éclaira l'apparition.

— En tout cas, ce n'est pas un fantôme, affirma Léa. C'est un drap avec deux jambes.

— Super ! ironisa Quentin. Il s'agit seulement d'un dément.

La silhouette voilée de blanc regarda prudemment autour d'elle, puis se faufila dans la cour du château.

— Suivons ce fantôme de pacotille, ordonna Léa.

De nouveau, derrière eux, un craquement se fit entendre dans le sous-bois.

— C'est bizarre : j'ai l'impression que nous sommes nous-mêmes surveillés, chuchota Lucas.

— Tu rêves, répliqua sa sœur. Dépêchons-nous, sinon nous allons perdre de vue le drap sur pattes.

Les détectives suivirent en silence la silhouette jusque dans le hall d'entrée du château. Puis ils se dissimulèrent derrière une vieille armoire.

— Le type veut peut-être faire peur aux clients de l'auberge, hasarda Lucas.

Quentin se pencha pour jeter un coup d'œil dans le corridor.

— Non, je ne crois pas. Il est entré dans la salle à manger.

Ils coururent vers la porte vitrée et scrutèrent la vaste pièce. Aucune trace de l'inconnu.

— Ah, j'ai compris, murmura le garçon : notre fantôme est venu se ravitailler.

Qu'a vu Quentin ?

8. Des objets qui disparaissent mystérieusement

Dans la salle des Chevaliers, des corbeilles de fruits étagés[1] étaient déjà disposées sur les tables pour le petit déjeuner. Mais l'une de ces magnifiques pyramides avait été amputée de sa pointe.

— Il a l'air d'aimer les fruits, commenta Lucas.

Léa indiqua du doigt un chandelier placé de l'autre côté de la pièce.

— Vous vous souvenez ? Lors du dîner, ce chandelier avait toutes ses bougies.

— Voilà sans doute ce à quoi Olivier faisait allusion ce matin en parlant de choses étranges, supposa Quentin. Des fruits ou des bougies qui disparaissent…

Les Pirates entendirent soudain un léger bruit de vaisselle en provenance de la porte battante sur laquelle on pouvait lire l'inscription « Cuisine ». Ils s'en approchèrent et risquèrent un œil à travers le hublot[2]. Mais la silhouette drapée de blanc avait déjà quitté la pièce par une autre ouverture.

— Je parie que le type a encore raflé de la nourriture, dit Quentin. Il a certainement dévalisé le frigo.

— Et que fait-il maintenant dans la buanderie[3] ? s'enquit Lucas.

— Allons voir ça tout de suite, décida Léa.

En entrant dans la buanderie, les détectives découvrirent sans surprise que le pseudo-fantôme s'était de nouveau volatilisé. Mais les trois compagnons remarquèrent immédiatement ce qu'il avait emporté.

1. **étagés :** empilés pour former une pyramide.
2. **hublot :** petite fenêtre.
3. **buanderie :** pièce où l'on fait les lessives.

Que manque-t-il dans la buanderie ?

9. Des bruits inquiétants

Sur le séchoir à linge, deux pinces orphelines[1] indiquaient qu'un vêtement avait été volé. Après avoir jeté un coup d'œil sur la liste déposée sur la machine à laver, Lucas sut aussitôt ce qu'il manquait.

— Ahah ! notre fantôme avait besoin d'un pantalon fraîchement lavé, ricana-t-il. Le pauvre s'est peut-être « fait dessus » en se regardant dans le miroir.

— Beurk ! lâcha Léa en roulant les yeux.

— C'était une mauvaise blague, je sais, murmura Lucas d'un air faussement repentant. Mais il fallait que je la balance.

— Essaie plutôt de te concentrer, grogna Quentin en montrant les deux portes fermées qui leur faisaient face. Cette fois-ci, j'ignore par où est passé notre revenant.

— Chut ! souffla Léa. J'ai entendu un drôle de froissement.

Les garçons hochèrent la tête, effrayés.

Les trois détectives échangèrent des regards interrogateurs. Le pseudo-fantôme se trouvait-il encore dans la buanderie ? S'était-il caché pour épier ses poursuivants ? Ou s'agissait-il seulement d'une souris qui s'était glissée dans son trou ?

Les Pirates tressaillirent en entendant un autre bruit de frottement. Puis quelqu'un pouffa.

— Alors, qui vient de faire dans son pantalon ? demanda une voix.

À cet instant, Léa vit qui les épiait.

— Ah, c'est vous ! s'exclama-t-elle, soulagée. Vous nous avez fichu une de ces frousses !

---

1. **pinces orphelines :** pinces à linge suspendues sans vêtement.

Qui est caché dans la buanderie ?

10. Pris au piège

Guillaume et Olivier, qui s'étaient dissimulés derrière les draps accrochés aux cordes de l'étendage, apparurent.

— Nous vous suivons depuis le début, avoua leur ami policier en souriant. Je savais que vous voudriez éclaircir le mystère de la tour. Lorsque Olivier m'a téléphoné il y a quelques jours pour me parler des choses étranges qui se passaient au château, je lui ai immédiatement proposé de venir ici avec vous.

— Vous êtes vraiment des détectives de talent, reconnut le propriétaire. J'ignorais qu'un homme se cachait dans la tour.

Léa fronça les sourcils.

— Mais où est-il maintenant ?

— Il a pris la porte de droite, répondit Olivier. L'autre est fermée à clé.

Il tourna la poignée, et ils s'engagèrent tous les cinq dans un corridor obscur. Aussitôt, ils aperçurent un rai de lumière sous une autre porte située au bout du couloir.

— Le fantôme s'est réfugié dans la salle de bains réservée au personnel féminin de l'auberge, murmura Olivier. Il est pris au piège : il n'y a pas d'autre issue.

Suivis des deux adultes, les Pirates progressèrent sur la pointe des pieds vers le fond du corridor, redoutant à tout moment que la silhouette blanche n'ouvre brusquement la porte pour se jeter sur eux.

Mais, en se rapprochant, ils entendirent une voix fredonner une chanson.

Piquée par la curiosité, Léa se pencha lentement pour jeter un coup d'œil par le trou de la serrure. Un instant plus tard, elle mit une main devant sa bouche pour s'empêcher d'éclater de rire.

— Vous ne devinerez jamais ce que le fantôme est en train de faire, gloussa-t-elle.

Que fait le mystérieux inconnu ?

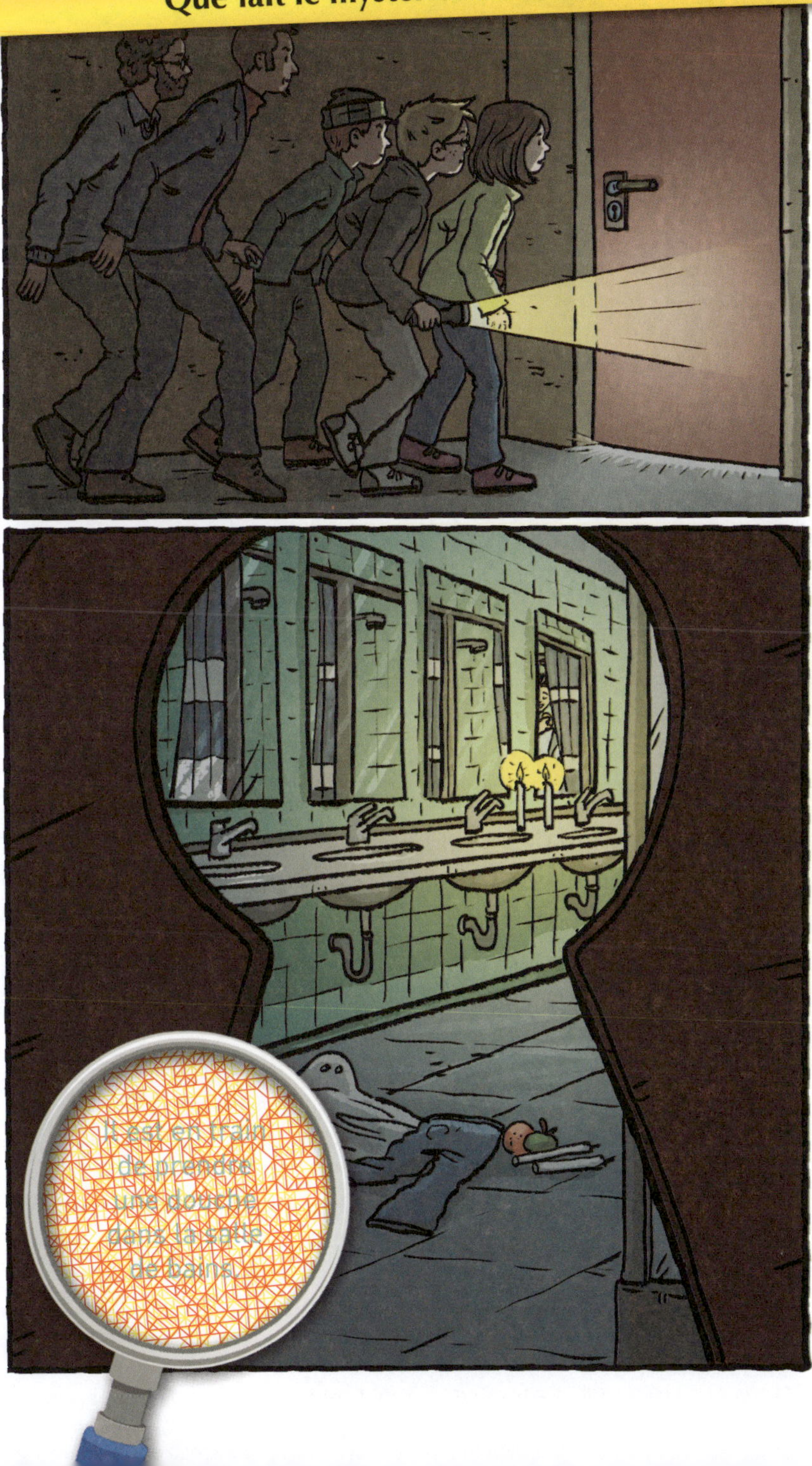

Tricherie lors du concours d'escalade

1. Vives remontrances

Quentin bâillait à se décrocher la mâchoire au moment où la voiture de police se gara sur le parking du château.

— Salut, collègues, dit Guillaume aux deux policiers. Désolé de vous avoir appelés en pleine nuit, mais nous venons tout juste de capturer un « revenant ».

Le plus âgé des agents éclaira le visage du prisonnier avec sa lampe torche.

— Ah, voyez-vous ça ! Mais c'est le galopin qui s'est échappé de prison il y a quelques jours.

Le policier renifla le fugitif.

— Mais pourquoi sent-il la cocotte ?

Guillaume, Olivier et les Pirates ne purent réprimer un éclat de rire.

— Notre fantôme s'est lavé en catimini avec du gel douche à la rose, raconta Lucas. À la lumière des chandelles…

Les deux agents en service ricanèrent.

— En avant, dit le plus jeune d'entre eux en guidant le détenu vers la voiture. Vous allez retrouver le confort de votre cellule.

À cet instant, une fenêtre du château s'ouvrit brusquement et un visage furieux apparut dans l'encadrement.

— Silence, là en bas ! aboya l'homme en gesticulant. Mes gars doivent être en pleine forme demain matin !

La fenêtre se referma brutalement.

— Hein ? fit Lucas, étonné. Mais de quoi parle-t-il ?

— Facile à comprendre, murmura Quentin.

Pourquoi l'homme réclame-t-il le silence ?

2. Avant la compétition

Il montra du doigt l'affiche placardée sur le mur du château.

— Demain a lieu un concours d'escalade dans le gymnase. Voilà pourquoi le parking est rempli de véhicules appartenant à des clubs de sport.

Olivier acquiesça :

— Oui, plusieurs équipes passent la nuit dans l'auberge de jeunesse. Nous devrions donc respecter leur sommeil.

Après avoir regardé la voiture de police s'éloigner, ils se dirigèrent vers le château. Guillaume releva le col de son manteau, car il commençait à pleuvoir.

Le lendemain matin, il pleuvait à verse. Tandis qu'ils prenaient leur petit déjeuner, les Pirates jetaient tristement un œil par les fenêtres de la salle à manger.

— Avec ce temps de chien, nous pouvons tirer une croix sur la randonnée que nous avions prévue, grommela Quentin en avalant une bouchée de sa tartine.

— C'est vraiment bête, ajouta Lucas avant de se tourner vers Guillaume. Et que faisons-nous maintenant ?

— Euh…

Le policier se mit à réfléchir tout en écalant[1] son œuf à la coque.

Heureusement, Léa avait une idée :

— Nous pourrions assister au tournoi d'escalade, proposa-t-elle.

Elle donna une graine de tournesol à Schumacher, puis poursuivit :

— Je n'ai encore jamais regardé ce genre de compétition. C'est sûrement intéressant à suivre. D'ailleurs, derrière nous, il y a l'homme qui s'est énervé cette nuit.

1. **écalant :** enlevant la coquille.

Où se trouve l'homme de la nuit passée ?

3. Le favori

— C'est le type avec le tee-shirt du SC Ripeville qui se tient devant le buffet, n'est-ce pas ? remarqua Guillaume.

Son amie hocha la tête.

— Oui ; je le trouve antipathique[1].

Assis de l'autre côté de la table, un garçon sourit à Léa.

— Moi aussi. Cet homme est l'entraîneur de nos plus dangereux adversaires.

Le jeune grimpeur se leva et prit son assiette.

— Si vous venez assister au concours, je me ferai un plaisir de vous expliquer les règles dans le gymnase. Au fait, je m'appelle Thomas. Salut ; à plus tard.

Surprise, Léa regarda le garçon s'éloigner.

— Ma sœurette a un soupirant, railla Lucas. Et la souris ne semble même pas le déranger…

Comme Guillaume discutait encore un peu avec Olivier, les Pirates se rendirent seuls au gymnase après le petit déjeuner.

— C'est formidable que vous soyez venus, lança Thomas en les accueillant. Vous arrivez au bon moment. Maxime, le meilleur grimpeur de notre équipe, attaque sa deuxième ascension.

Deux garçons se tenaient au pied du mur d'escalade. Ils prirent un peu de poudre dans un petit sac accroché à leur ceinture et se frappèrent les mains. Puis le signal du départ retentit.

Tous les spectateurs les encouragèrent en criant.

— Hourra ! jubila Léa quelques instants plus tard. Ton coéquipier a gagné !

Thomas ne semblait pas se réjouir.

— Mais qu'est-ce qui s'est passé ? maugréa-t-il.

1. **antipathique :** déplaisant, désagréable.

Pourquoi Thomas est-il déçu ?

4. Un mauvais chrono

— Regarde le panneau d'affichage, dit Thomas à Léa. Maxime a mis six secondes de plus que lors de la première manche pour atteindre le sommet.

— Mais il a gagné, dit Lucas. C'est le plus important, non ?

Thomas secoua la tête.

— D'habitude, Maxime n'est jamais aussi lent. Cette fois-ci, son adversaire était faible. Mais il devra ensuite affronter les vainqueurs des autres duels. Et avec un chrono pareil, il n'a aucune chance.

— Ah, je comprends, fit Quentin. Lors d'une compétition d'escalade de vitesse, deux grimpeurs s'affrontent. Le plus rapide se qualifie pour le tour suivant.

— Exact, répondit Thomas. À chaque tour, les grimpeurs s'affrontent deux fois. Après la première manche, ils changent de voie et les temps sont ajoutés.

Les épaules tombantes, Maxime s'approcha de son ami.

— Je ne sais pas ce qui s'est passé, pesta-t-il. J'avais l'impression de glisser sans arrêt !

Quentin fronça les sourcils et montra du doigt le petit sac que tenait le sportif.

— Il s'agit de cette poudre blanche qu'on utilise aussi à l'école pour les agrès[1] en cours de gym ?

— On l'appelle « magnésie », précisa Thomas. On s'en sert pour empêcher les mains de transpirer. Elles ont ensuite une meilleure adhérence.

— À moins que quelqu'un n'ait voulu préparer un gâteau dans le gymnase, je crois que, moi, je sais ce qui s'est passé, déclara Léa d'un ton grave. Maxime, as-tu laissé ton sac sans surveillance entre tes deux ascensions ?

---

1. **agrès :** appareils de gymnastique.

Quel indice a mis Léa sur la bonne piste ?

5. Sabotage !

Elle guida les garçons vers une poubelle située près de l'entrée du gymnase et pêcha à l'intérieur un sac de farine froissé.

— C'était du sabotage ! annonça-t-elle.

— Heu… je ne comprends pas, avoua Thomas, troublé.

Maxime palpa le contenu de son sac avec les doigts.

— Tu as raison. Ce n'est pas de la magnésie, mais de la farine.

Le grimpeur plissa le front et une ride de colère se forma entre ses sourcils.

— Je ne m'en suis pas aperçu tout à l'heure ! Pas étonnant si mes mains n'arrêtaient pas de glisser ! Si j'attrape le salaud qui a fait ça…

— Mais comment retrouver le coupable ? demanda Thomas. Ce pourrait être n'importe lequel de nos adversaires.

Léa lui posa la main sur l'épaule.

— Pas de panique. Vous avez de la chance que nous soyons là : nous sommes détectives.

Thomas jeta à la jeune fille un regard admiratif.

— Jusqu'à présent, nous avons résolu toutes les affaires qu'on nous a confiées, ajouta Lucas.

Il inspecta une nouvelle fois la poubelle et en retira un morceau de papier journal roulé en entonnoir.

— Tenez : encore une preuve. Le coupable a certainement utilisé ce journal pour verser la farine dans le sac de Maxime.

Les autres approuvèrent d'un signe de tête.

— On nous observe, murmura soudain Léa.

De l'autre côté de la salle, l'entraîneur du SC Ripeville les observe par-dessus son journal.
LES NOUVELLES DE RIPEVILLE
LES NOUVELLES DE RIPEVILLE 9
FARINE

6. Une preuve supplémentaire

— L'entraîneur de Ripeville, de l'autre côté du terrain, n'arrête pas de nous espionner par-dessus son journal.

— C'est très aimable de sa part, ironisa Lucas. Comme ça, il nous cache sa sale gueule.

La plaisanterie de l'adolescent fut couverte par les cris des spectateurs qui encourageaient les deux prochains grimpeurs en lice[1].

Thomas consulta sa montre.

— C'est bientôt mon tour. Heureusement, mon adversaire n'est pas un grimpeur de Ripeville.

— Vérifie quand même si ton sac contient bien de la magnésie, lui conseilla Léa. Quant à nous, nous allons nous occuper de ce charmant monsieur qui se dissimule derrière son journal.

Les Pirates traversèrent le gymnase en direction de l'entraîneur du SC Ripeville. En les voyant arriver, l'homme baissa son journal et les dévisagea froidement.

— Euh… pourrais-je jeter un coup d'œil sur votre journal ? demanda Quentin courageusement. Je… je voudrais regarder les résultats des matchs de foot du week-end.

L'individu grimaça méchamment.

— Va t'en acheter un toi-même, grogna-t-il avant de rouler son journal et de le glisser dans la poche de son survêtement.

Puis il se leva brusquement et s'éloigna.

Mais Quentin avait désormais la preuve que l'entraîneur était bien le coupable.

1. **en lice :** en compétition.

Qu'a remarqué Quentin ?

7. Un piètre entraîneur

— Bingo ! jubila Quentin. Dans le journal, il manquait la page neuf. Le type l'a utilisée pour fabriquer son entonnoir.

— L'ordure ! s'exclama Léa. Quel entraîneur médiocre ! Pour faire gagner son équipe, il est obligé de tricher.

— Nous pouvons maintenant prouver qu'il y a eu fraude[1], dit Lucas. Nous devrions…

De nouveau, des cris d'encouragement s'élevèrent des tribunes.

— C'est à Thomas de grimper ! lança Léa avec enthousiasme.

Elle croisa les doigts pour lui porter chance. Quelques secondes plus tard, le signal du départ retentissait.

— Punaise ! Son adversaire n'est pas mauvais ! 23, 24, 25… Hourra ! Thomas a gagné !

— Il a fait un sacré chrono, commenta Lucas, impressionné. 26,1 secondes. Si Maxime est le favori avec 25,2 secondes, c'est vraiment une excellente performance.

Les détectives rejoignirent les deux coéquipiers pour leur raconter ce qu'ils avaient découvert.

— Quelqu'un a mis aussi de la farine dans mon sac, confia Thomas. Sans votre aide, je n'aurais jamais pu gagner cette manche.

Il réfléchit en se mordillant les lèvres :

— Hm. Nous devrions aller voir le directeur du tournoi pour lui révéler la tricherie. L'entraîneur de Ripeville sera immédiatement suspendu.

Maxime balaya la salle du regard.

— Mais où est-il passé d'ailleurs ?

1. **fraude :** tricherie.

Où se trouve l'entraîneur du SC Ripeville ?

8. La poursuite

À son tour, Léa scruta le gymnase de ses yeux de lynx.

— Il est là-haut, dans la tribune B ! cria-t-elle. Hé ! on dirait qu'il prend la fuite ! Vite, rattrapons-le !

Les Pirates s'élancèrent aussitôt vers la tribune. Thomas et Maxime les suivirent.

— Vous jouez aussi les détectives maintenant ? demanda l'adolescente en souriant avant d'escalader la rambarde[1] des gradins.

Thomas lui rendit son sourire.

— Et toi, tu pourrais devenir une excellente grimpeuse !

— Ma sœur s'entraîne tous les jours à la course avec sa souris, plaisanta Lucas.

— Tu pourrais peut-être me la prêter, Léa ? fit Maxime. Elle a l'air d'être un super-entraîneur !

Ils gravirent les marches de la tribune quatre à quatre, contournèrent un petit groupe de supporters et atteignirent finalement la galerie transversale située derrière la dernière rangée de sièges.

— Vous le voyez ? demanda Lucas, le souffle court.

Quentin secoua la tête.

— J'ignore dans quelle direction il s'est enfui. Il s'est peut-être dirigé vers la sortie ?

— Non, intervint Léa d'un ton décidé. Il est parti à gauche.

— Comment peux-tu le savoir ? s'étonna Thomas. Tu es voyante ?

— Non, mais j'ai un excellent sens de l'observation, répondit l'intéressée en reprenant sa course.

1. **rambarde :** barrière.

Qu'a vu Léa ?

SORTIE
Le journal
de l'entraîneur
en fuite est tombé
entre deux sièges
de la tribune.

9. Sans issue

Léa ramassa le journal coincé entre deux sièges de la dernière rangée de gradins.

— *Les Nouvelles de Ripeville.* Le journal est tombé de sa poche lorsqu'il est passé par là en courant.

Les détectives tournèrent la tête vers la porte située au bout de la galerie. Fermée, celle-ci était pourvue d'un écriteau qui annonçait : « Local technique ».

Quentin se frotta les mains, satisfait.

— Il est pris au piège. Généralement, ce genre de local n'a qu'une seule issue. Il ne reste plus qu'à le cueillir.

— Soyons prudents, prévint Lucas. Je n'ai aucune envie de recevoir un coup de balai sur la tête.

— Tu as raison, acquiesça Quentin. Un type pareil peut être dangereux lorsqu'il se sent traqué.

Ils s'approchèrent de la porte à pas feutrés. Lentement, ce dernier actionna la poignée. Un rayon de lumière éclaira la pièce plongée dans l'obscurité. Contre toute attente, le jeune détective ne vit que des ustensiles de nettoyage. Le local semblait vide.

— Fausse alerte, annonça Quentin : il n'y a personne dans ce placard à balais. Le journal appartenait peut-être à quelqu'un d'autre. Nous devrions vérifier si la page neuf est manquante.

Sceptique[1], Léa s'avança et fouilla le local du regard.

— Il est là ! s'écria-t-elle un instant plus tard avant de partir d'un grand éclat de rire.

1. **sceptique :** qui a des doutes.

Où se cache l'entraîneur de Ripeville ?

10. Un camouflage peu discret

Quelques heures plus tard, Guillaume et les Pirates étaient sur le chemin du retour vers Marebourg-les-Bains.

— J'ai hâte de raconter notre dernière aventure à Léon Martin, dit Léa, qui tenait Schumacher dans sa main.

La souris se nettoyait le museau à l'aide de ses pattes antérieures.

— Il va penser qu'on le mène en bateau, ironisa Quentin. Lui, le vieux loup de mer.

Assis au volant, Guillaume sourit.

— Il est vrai que cette histoire est à peine croyable. Le type se cache dans un placard à balais et s'enfonce un seau sur la tête. De couleur jaune vif par-dessus le marché !

Il conduisait tranquillement sur la petite route départementale.

— J'aurais bien aimé voir ça, poursuivit-il. Qui aurait cru que vous alliez résoudre une nouvelle affaire lors d'un concours d'escalade ?

— Que veux-tu ? fit Lucas avec un clin d'œil. Le mal est partout.

À cet instant, le portable de Léa émit un bip. De sa main libre, elle sortit l'appareil de sa poche.

— Super ! lança-t-elle après avoir jeté un coup d'œil sur l'écran. Thomas nous a envoyé une photo de son équipe. Ils ont remporté la coupe !

— A-t-il écrit quelque chose ? s'enquit Quentin.

L'adolescente hocha la tête.

— Oui. Il dit : « Sans votre aide, nous n'aurions pas pu gagner. Un grand merci aux Pirates ! »

MENU
2 ABC
3 DEF
5 JKL
6 MNO
9 XYZ
@